报考指南

# 江苏省普通高校招生百问(2024年)

江苏省教育考试院　编

编委会主任：傅祝余
编委会副主任：王海林　李拥军　吴成兵　杨素平
编委会委员：陆苍海　符耀章　邢　鹏　马　彪　周正源
　　　　　　赵荣飞　成　飚　郭凤清　陶　洁　李东升
　　　　　　张翊翔　崔　恺　杨玉楼　邓　文　杨广斌
　　　　　　柴小军　袁　强　张　林　覃秀茹　马秀谊
　　　　　　陈　晶　郑苗苗　李　槿　余　淘　石允剑
　　　　　　汪　静　吕岭玲　李　锐　沈　洁　赵东方

图书在版编目(CIP)数据

报考指南：江苏省普通高校招生百问.2024年/江苏省教育考试院编.—苏州：苏州大学出版社，2024.5
 ISBN 978-7-5672-4820-5

Ⅰ.①报… Ⅱ.①江… Ⅲ.①高等学校-招生-江苏-问题解答 Ⅳ.①G647.32-44

中国国家版本馆 CIP 数据核字(2024)第 099256 号

Baokao Zhinan · Jiangsu Sheng Putong Gaoxiao Zhaosheng Baiwen(2024 Nian)

| 书　　名： | 报考指南·江苏省普通高校招生百问(2024年) | |
|---|---|---|
| 编　　者： | 江苏省教育考试院 | |
| 责任编辑： | 沈　琴 | 编辑热线：0512-65222282 |
| 装帧设计： | 吴　钰 | |
| 出版发行： | 苏州大学出版社(Soochow University Press) | |
| 社　　址： | 苏州市十梓街1号　邮编：215006 | |
| 照　　排： | 南京紫藤制版印务中心 | |
| 印　　刷： | 南通印刷总厂有限公司 | |
| 开　　本： | 880 mm×1230 mm　1/32　印张 3.5　字数 84 千 | |
| 版　　次： | 2024年5月第1版 | |
| 印　　次： | 2024年5月第1次印刷 | |
| 书　　号： | ISBN 978-7-5672-4820-5 | |
| 定　　价： | 6.00元 | |

图书若有印装错误，本社负责调换
苏州大学出版社网址　http://www.sudapress.com
苏州大学出版社邮箱　sdcbs@suda.edu.cn

# 编写说明

　　为使广大考生和家长及时、准确、全面地了解今年我省普通高校招生政策和办法，指导考生科学填报高考志愿，提高招生考试工作的透明度，确保我省普通高校招生工作顺利进行，我院特组织编写了《报考指南·江苏省普通高校招生百问(2024年)》。

　　本书系统地介绍了我省今年普通高校招生报名、思想政治品德考核、体检、考试、录取等有关政策和规定，对招生计划情况作了分析，特别是对如何填报高考志愿，以及在志愿填报中应注意的事项作了详细说明。书中还对特殊类型院校招生、网上评卷等问题作了解答。

　　本书针对性强，内容翔实、准确，通俗易懂，具有较强的指导性，是考生报考普通高校的重要参考资料。同时，对各级招生部门、院校招生工作人员和中学教师也具有较高的参考价值。由于内容较多，时间仓促，如有疏漏、不当之处，敬请读者批评指正。如教育部有新规定的，按新规定执行。

江苏省教育考试院<br>
2024年5月

# 目 录

## 一、报 名

1. 江苏省 2024 年普通高考的模式是什么？ …………… (01)
2. 高考报名的条件是什么？ ……………………………… (01)
3. 哪些人员不能报考？ …………………………………… (02)
4. 高级中等教育学校应届毕业生如何报名？ …………… (02)
5. 往届生、社会考生以及在外省借读的江苏省户籍考生如何报名？
   ……………………………………………………………… (02)
6. 考生借考有何规定？ …………………………………… (03)
7. 在江苏省就读的随迁子女如何报名？ ………………… (03)
8. 高考报名时，考生需要准备哪些材料？ ……………… (04)
9. 考生报考科类有哪些？ ………………………………… (04)
10. 江苏省普通高中学业水平考试是如何组成的？ ……… (04)
11. 哪些考生在高考报名时还须参加合格性考试科目的报名？ …… (05)
12. 综合素质评价有哪些内容？ …………………………… (05)
13. 综合素质评价在高校招生录取中有何作用？ ………… (06)
14. 哪些考生可申请享受照顾政策？ ……………………… (06)
15. 哪些情况属于思想政治品德考核不合格？ …………… (07)

## 二、体 检

16. 高考体检如何进行？ …………………………………… (08)
17. 如何正确理解体检结论，选报适当的专业？ ………… (09)

18. 对考生转氨酶检查有哪些要求? ……………………(10)
19. 残疾考生如何申请在高考中提供的合理便利? ……(11)
20. 军队院校对报考考生身体有何特殊要求? …………(12)
21. 公安类院校(专业)对报考考生身体有何特殊要求? …………(13)
22. 政法院校的公安类专业对考生身体有何特殊要求? ………(14)
23. 航海类院校(专业)对考生身体有何特殊要求? ……(14)

## 三、普通高中学业水平合格性考试

24. 普通高中学业水平合格性考试包括哪些科目? ……(15)
25. 由省教育厅统一组织的合格性考试科目有哪些? …(15)
26. 由设区市组织、学校实施的合格性考查科目有哪些? …(15)
27. 参加统一高考的学生,其语文、数学、外语科目合格性考试如何安排?
…………………………………………………………(15)
28. 合格性考试中外语科目有哪几种语种选择? ………(16)
29. 合格性考试科目成绩如何呈现? ……………………(16)
30. 合格性考试科目成绩的有效期为多久? ……………(16)
31. 考生高考时的选考科目对相应科目的合格性考试成绩有要求吗?
…………………………………………………………(16)
32. 合格性考试报名时间是什么时候? …………………(16)
33. 合格性考试对象包括哪些人员? ……………………(16)
34. 合格性考试如何报名? ………………………………(17)
35. 普通高中在校学生在高二时可以报考哪几门合格性考试? ……(17)
36. 普通高中在校学生在高三时可以报考哪几门合格性考试? ……(17)
37. 合格性考试成绩不合格怎么办? ……………………(17)
38. 合格性考试中对违规行为如何处理? ………………(17)

39. 外省普通高中学业水平合格性考试成绩转入,如何进行认定？
 ································································ (18)

## 四、考　试

40. 2024 年高考安排在什么时间进行测试？ ·············· (19)
41. 高考考试科目有哪些？ ································· (19)
42. 高考文化总成绩是如何组成的？ ······················· (20)
43. 再选科目等级分是如何换算的？ ······················· (20)
44. 是否可以查询再选科目的原始分？ ···················· (21)
45. 选择性考试科目对应的合格性考试成绩不合格,考生能否参加高考？
 ································································ (21)
46. 再选科目保障机制指的是什么？建立再选科目保障机制的目标和原则是什么？ ·········································· (21)
47. 再选科目保障机制针对哪些科目？保障比例的测算依据和方法是什么？ ·············································· (22)
48. 考生可以调整选考科目吗？ ···························· (22)
49. 考生考前要做哪些准备？ ······························ (23)
50. 考生在考试中要遵守哪些考试纪律？ ················· (23)
51. 考生进入考场时只准携带哪些物品？ ················· (23)
52. 考生进入考场接受物品检查需要注意哪些事项？ ···· (24)
53. 考生考试违规的处罚依据是什么？ ···················· (24)
54. 诚信考试记录对考生录取有何影响？ ················· (26)
55. 在考试过程中,考生应特别注意哪些重要事项？ ···· (26)
56. 外语听力考试时考生要注意哪些事项？ ·············· (27)
57. 高考外语科目有哪些语种？ ···························· (27)

58. 哪些人需要参加外语口语测试？……………………………(27)

59. 网上评卷对考生作答有何要求？……………………………(27)

### 五、招生计划与招生章程

60. 江苏省普通高校招生计划何时公布？如何公布？…………(29)

61. 江苏省如何在招生计划中公布高校对考生的选择性考试科目的要求？……………………………………………………………(29)

62. 什么是独立设置的民办高校？………………………………(29)

63. 什么是独立学院？……………………………………………(30)

64. 学生入学后应缴纳哪些费用？………………………………(30)

65. 考生在查阅招生计划时还要注意哪些问题？………………(30)

66. 院校招生章程的作用是什么？招生章程主要有哪些内容？院校如何公布？………………………………………………………(31)

### 六、志愿填报

67. 江苏省2024年志愿填报时间如何安排？……………………(32)

68. 志愿填报的基本步骤和程序是怎样的？……………………(32)

69. 考生在志愿填报规定时间内有几次修改志愿的机会？……(32)

70. 志愿填报时间截止后还可以补报志愿吗？…………………(33)

71. 考生填报高考志愿时，须参考哪些资料？…………………(33)

72. 志愿填报的基本模式是什么？………………………………(34)

73. 志愿填报时，考生的选考科目应如何对应高校的要求？…(34)

74. 普通类分几个批次？每个批次志愿如何设置？……………(35)

75. 艺术类分几个批次？每个批次志愿如何设置？……………(35)

76. 体育类分几个批次？每个批次志愿如何设置？……………(36)

77. 特殊类型志愿是如何设置的？填报特殊类型志愿有何要求？ …… (36)

78. 体育类、艺术类考生填报志愿时，可以兼报普通类专业吗？ …… (37)

79. 哪些批次不能兼报？ …………………………………………… (37)

80. 考生如何填报专业服从调剂志愿？ …………………………… (37)

81. 各批次结束后是否有征求志愿？征求志愿怎样设置？ ……… (37)

## 七、录　取

82. 什么是普通高校招生网上录取？普通高校网上录取的流程是什么？
　………………………………………………………………… (38)

83. 高校招生录取原则和录取体制分别是什么？录取方式较高考综合改革前有什么变化？ ………………………………………… (39)

84. 院校专业组的投档录取方式有何优势？ ……………………… (40)

85. 江苏省2024年高校录取分几个批次进行？ …………………… (41)

86. 普通类各批次省录取控制分数线是如何划定的？ …………… (41)

87. 平行志愿的投档原则是什么？具体的投档过程怎样？ ……… (41)

88. 院校在什么情况下可以降分录取？对降分录取考生如何投档？
　………………………………………………………………… (42)

89. 普通类考生的投档分相同时如何排序？ ……………………… (43)

90. 体育类和艺术类考生的投档分相同时如何排序？ …………… (43)

91. 考生接到录取通知书后，如何办理档案移交手续？ ………… (43)

## 八、特殊类型招生

92. 哪些考生可报考高水平运动队？ ……………………………… (44)

93. 报考高水平运动队有哪些步骤？高水平运动队的录取政策是什么？
　………………………………………………………………… (44)

94. 哪些院校可以招收保送生？院校招收保送生有哪些要求及步骤？
 ………………………………………………………………… (46)
95. 什么是高职院校提前招生？报考高职院校提前招生有哪些要求及步骤？ ……………………………………………………… (47)
96. 什么是体育单招？报考体育单招有哪些要求及步骤？ ……… (48)
97. 什么是残疾考生单独招生？哪些院校对残疾考生实行单独招生？
 ………………………………………………………………… (49)
98. 哪些院校可招收少年班(生)？ ……………………………… (49)
99. 什么是强基计划？有哪些高校开展强基计划试点？ ……… (49)
100. 强基计划的招生程序是什么？ ……………………………… (50)
101. 什么是综合评价招生改革试点？具体有哪些工作流程？ …… (51)
102. 为什么要开展重点高校招收农村和脱贫地区学生工作？重点高校招收农村和脱贫地区学生计划类型有哪些？ ……………… (53)
103. 江苏省高校专项计划的实施区域有哪些？高校专项计划的报考条件和报考办法是什么？ ………………………………… (54)
104. 江苏省地方专项计划的实施区域有哪些？考生如何报考地方专项计划？ ………………………………………………… (55)
105. 为什么要开展农村订单定向医学生免费培养工作？哪些考生可以填报此类培养计划？ ……………………………………… (55)
106. 为什么要开展乡村教师定向培养工作？考生如何报考乡村教师定向培养计划？ ……………………………………………… (56)
107. 报考军队院校有哪些要求及步骤？ ………………………… (56)
108. 军队院校是如何进行录取的？ ……………………………… (57)
109. 报考公安类院校(专业)有哪些要求及步骤？如何填报公安类院校(专业)志愿？ …………………………………………… (58)

110. 公安类院校(专业)如何进行面试、体检、体能测评？ ……… (59)
111. 公安类院校(专业)是如何进行录取的？ ……………… (59)
112. 政法类院校与公安类院校招收的公安专业有何不同？ …… (59)
113. 考生如何报考航海类专业？ …………………………… (60)
114. 考生报考海军、空军飞行学员的基本条件是什么？ …… (60)
115. 海军、空军飞行学员何时报名？有哪些要求及步骤？ … (62)
116. 报考民航飞行学员的基本条件是什么？ ……………… (62)
117. 民航飞行学员何时报名？有哪些要求及步骤？ ……… (63)
118. 往年港澳地区有哪些院校在江苏省招生？考生如何报考？ … (63)

## 九、艺术类招生

119. 艺术类招生有哪些专业？ …………………………… (65)
120. 艺术类专业的报考条件是什么？ …………………… (66)
121. 艺术类专业招生考试由哪两个部分组成？ ………… (66)
122. 艺术类专业省统考、校考以及戏曲类省际联考有什么区别？ … (67)
123. 哪些艺术类专业实行省统考？ ……………………… (67)
124. 哪些艺术类专业实行校考？ ………………………… (69)
125. 哪些艺术类专业实行戏曲类省际联考？ …………… (69)
126. 考生报考哪些专业须同时参加校考和省统考，且成绩合格(即"双合格")？ ………………………………………… (70)
127. 艺术类专业考试的报名时间、地点和办法如何？ …… (70)
128. 艺术类专业省统考的考点是怎样安排的？考生如何获知相关考试信息？ ……………………………………………… (71)
129. 音乐类专业省统考有哪些注意事项？ ……………… (71)
130. 舞蹈类专业省统考有哪些注意事项？ ……………… (73)

131. 表(导)演类专业省统考有哪些注意事项? ……………… (74)
132. 播音与主持类专业省统考有哪些注意事项? ………… (76)
133. 美术与设计类专业省统考有哪些注意事项? ………… (76)
134. 书法类专业省统考有哪些注意事项? ………………… (77)
135. 艺术类专业省统考成绩如何公布? …………………… (78)
136. 艺术类专业校考是如何进行的?有哪些注意事项? … (78)
137. 戏曲类省际联考是如何进行的?有哪些注意事项? … (78)
138. 对艺术类考生的学业水平考试科目和成绩有何要求? …… (79)
139. 艺术类省录取控制分数线如何划定? ………………… (79)
140. 艺术类专业的录取批次如何划分?志愿如何设置? … (79)
141. 考生如何填报艺术类志愿? …………………………… (80)
142. 考生如何填报艺术类征求志愿? ……………………… (81)
143. 考生填报艺术类志愿必须了解哪些信息?还需要参考哪些资料?
   ………………………………………………………… (81)
144. 艺术类考生可以兼报普通类专业吗? ………………… (81)
145. 江苏省对艺术类专业的投档办法主要有哪几种? …… (82)
146. 艺术类征求志愿如何投档? …………………………… (83)
147. 考生如何查阅和了解艺术类专业招生考试相关信息? …… (84)
148. 艺术类专业招生考试工作日程如何安排? …………… (84)

## 十、体育类招生

149. 体育类专业主要有哪些? ……………………………… (85)
150. 体育类专业招生与体育单招有何区别? ……………… (85)
151. 体育类专业的报考条件是什么? ……………………… (85)
152. 体育类专业招生考试由哪两个部分组成? …………… (86)

153. 需要参加体育类专业省统考的体育类专业有哪些?………(86)
154. 体育类专业省统考的报名时间、地点和办法如何?………(87)
155. 江苏省体育类专业省统考考点有哪些?考生参加考试的地点如何确定?………(87)
156. 体育类专业省统考的考试内容和形式是什么?………(88)
157. 考生参加体育类专业省统考时应注意哪些事项?………(88)
158. 考生可通过何种途径获知体育类专业省统考成绩?………(89)
159. 对体育类考生的学业水平考试科目和成绩有何要求?………(89)
160. 体育类省录取控制分数线如何划定?………(89)
161. 体育类专业的录取批次如何划分?志愿是如何设置的?………(90)
162. 考生如何填报体育类志愿?………(90)
163. 考生填报体育类志愿必须了解哪些信息?还需要参考哪些资料?………(90)
164. 体育类考生可以兼报普通类专业吗?………(91)
165. 体育类专业是如何录取的?………(91)
166. 考生如何查阅和了解体育类专业招生考试相关信息?………(91)
167. 体育类专业招生考试工作日程如何安排?………(92)

## 十一、其 他

168. 什么是高校招生"阳光工程"?………(93)
169. 江苏省采取了哪些措施来确保招生录取工作公平公正?………(94)
170. 为什么要加强考试招生环境的综合整治?………(94)
171. 考生如何防范社会上的招生欺诈行为?………(95)
172. 考生报考普通高校获知相关信息的渠道有哪些?有哪些参考资料?………(96)

173.《江苏招生考试》(招生计划专刊)主要有哪些内容？………(96)
174. 江苏省教育考试院门户网站有哪些主要职能？…………(96)
175. 考生在招生考试方面有疑问时,可通过哪些渠道咨询？…(97)
176. 考生可通过何种途径查询高考成绩和录取结果？…………(97)
177. 高考未被录取的考生如想继续深造,有哪些途径和办法？……(97)

# 一、报 名

**1. 江苏省 2024 年普通高考的模式是什么?**

**答**：江苏省 2024 年普通高考实行"3+1+2"模式。其中"3"是指全国统考的语文、数学、外语 3 门科目;"1"是指考生在物理、历史 2 门选择性考试科目中所选择的 1 门科目;"2"是指考生在思想政治、地理、化学、生物 4 门选择性考试科目中所选择的 2 门科目。

语文、数学、外语 3 门统考科目采用全国统一命题试卷;选择性考试科目由江苏省自行组织命题。

**2. 高考报名的条件是什么?**

**答**：(1) 具有江苏省户籍且同时符合下列条件的人员,可以申请报名:

① 遵守中华人民共和国宪法和法律。

② 高级中等教育学校毕业或具有同等学力。

③ 身体状况符合相关要求。

(2) 非江苏省户籍的来苏务工就业人员随迁子女(以下简称"随迁子女")申请在江苏省参加高考的,除符合上述条件外,还须同时具备以下条件:

① 在江苏省取得普通高中学籍并有完整的普通高中学习经历。

② 其监护人在江苏省有合法稳定职业、合法稳定住所(含租赁)。

(3) 在我省定居并符合报名条件的外国人,持公安机关或国家移民管理局签发的中华人民共和国外国人永久居留身份证,可以申请报名。符合条件的港澳台籍考生,可以申请报名。

**3. 哪些人员不能报考?**

答:下列人员不得报名:

(1) 具有普通高等学历教育资格的高校在校生,或已被普通高校录取并保留入学资格的学生。

(2) 高级中等教育学校非应届毕业的在校生。

(3) 在高级中等教育阶段非应届毕业年份以弄虚作假手段报名并违规参加普通高校招生考试(包括全国统考、省级统考和高校单独组织的招生考试,以下简称"高考")的应届毕业生。

(4) 因违反国家教育考试规定,被给予暂停参加高考处理且在停考期内的人员。

(5) 因触犯刑法受到刑事处罚、尚在处罚期内的。其中,未成年人按相关法律规定执行。

**4. 高级中等教育学校应届毕业生如何报名?**

答:高级中等教育学校应届毕业生必须遵循"高考与普通高中学业水平考试在同一属地报名考试的原则",在报名地市、县(市、区)招生考试机构指定的地点办理报名手续。

**5. 往届生、社会考生以及在外省借读的江苏省户籍考生如何报名?**

答:往届生、社会考生以及在外省借读的江苏省户籍考生,在其户籍所在市、县(市、区)招生考试机构指定的地点办理报名手续。所有往届生、社会考生、在外省借读的江苏省户籍考生以及其他非普通高中应届毕业生等,在报名开始前,一律先由招生考试机构工作人员进行资格审核,审核通过后才能网上报名。已被普通高校录取而未报到或报到后退学的考生,报名时必须上交有关高校的录取通知书或提供退学证明。

### 6. 考生借考有何规定?

**答**:凡不符合第4、5问中规定的考生,均须办理借考手续,填写普通高校招生考生借考申请表,经报名点及报名所在县(市、区)招生考试机构审核后方可办理相关报名手续。借考考生的高考电子档案、体检以及志愿填报等工作一律由报名地招生考试机构及相关部门负责。

### 7. 在江苏省就读的随迁子女如何报名?

**答**:随迁子女考生须由考生本人向现就读中学提交来苏务工就业人员随迁子女高考报名申请表,由现就读中学汇总后报就读中学所属教育行政部门和县(市、区)招生考试机构,经审核后方可办理相关报名手续。

报名时须提交以下证明材料:

(1)身份证明。考生本人二代居民身份证和户口簿的原件及复印件。

(2)稳定住所证明。考生本人或其监护人的房屋产权证、房屋买卖合同、租赁合同,或考生和其监护人在江苏省的暂住证(居住证)等证明材料的原件和复印件。

(3)监护人就业证明。监护人在江苏省的就业单位或所在社区

(村委会)出具的就业证明原件。

**8. 高考报名时,考生需要准备哪些材料?**

答:参加高考报名的考生需要准备下列材料:

(1)二代居民身份证和户口簿。

(2)符合江苏省高校招生相关照顾政策的考生需要提供证书(证明)原件和复印件。

(3)往届生和社会考生须出具高中毕业证书或同等学力证明。

(4)在外省借读的江苏省户籍考生须提供外省省级招生考试机构出具的有效期内的高中会考或学业水平考试的成绩证明。

(5)随迁子女考生须出具身份证明(考生本人二代居民身份证、户口簿原件和复印件)、稳定住所证明[考生本人或其监护人的房屋产权证、房屋买卖合同、租赁合同,或考生和其监护人在江苏省的暂住证(居住证)等证明材料的原件和复印件]、监护人就业证明[监护人在江苏省的就业单位或所在社区(村委会)出具的就业证明原件]。

**9. 考生报考科类有哪些?**

答:考生的报考科类分为普通类、体育类和艺术类。

**10. 江苏省普通高中学业水平考试是如何组成的?**

答:江苏省普通高中学业水平考试根据其考试定位、性质和作用,分为学业水平合格性考试(简称"合格性考试")和学业水平选择性考试(简称"选择性考试")。

合格性考试成绩是高中学生毕业、高中同等学力认定的重要依据;

选择性考试成绩纳入统一高考总分,作为统一高考招生录取的依据。

## 11. 哪些考生在高考报名时还须参加合格性考试科目的报名?

答:(1)根据规定,考生所选的选择性考试科目,其所选科目的合格性考试成绩必须达到合格。因此,选择性考试科目所对应的合格性考试成绩不合格的考生,应参加相关合格性考试科目的报名。

(2)对其往年合格性考试成绩不满意的考生,可以参加相关合格性考试科目的报名。

## 12. 综合素质评价有哪些内容?

答:综合素质评价内容分为思想品德、学业水平、身心健康、艺术素养、社会实践、自我认识与生涯规划六个方面。

思想品德主要考查学生在爱党爱国、理想信念、诚实守信、仁爱友善、责任义务、安全防范等方面的认知与表现。

学业水平主要考查学生各门课程基础知识、基本技能掌握情况以及运用知识解决问题的能力等。

身心健康主要考查学生的健康生活方式、体育锻炼习惯、身体机能、运动技能、心理素质等。

艺术素养主要考查学生对艺术的审美感受、理解、鉴赏和表现的能力。

社会实践主要考查学生的创新素养和在社会生活中动手操作、劳动技能、体验经历等情况。

自我认识与生涯规划主要考查学生加强自我认知、树立专业志向、学会选择课程、实现主动发展等情况。

### 13. 综合素质评价在高校招生录取中有何作用？

**答：**综合素质评价是高校招生录取的重要参考。高校根据学校办学特色和人才培养要求，制定科学规范的高中学生综合素质评价使用办法，并提前向社会公布，评价结果作为招生录取的重要参考。在考生分数相同时，可作为优先录取和优先安排专业的依据。

### 14. 哪些考生可申请享受照顾政策？

**答：**（1）有下列情形之一的考生，在其文化统考成绩总分的基础上增加一定分数投档；达到高校投档条件的，由高校审查决定是否录取。同一考生如符合多项增加分数投档条件的，只能取其中幅度最大的一项分值，且不得超过20分。所有高考加分项目及分值均不得用于高校不安排分省招生计划的艺术类专业、高水平运动队、高校专项计划等招生项目。

① 烈士子女，录取时加20分投档。

② 在服役期间荣立二等功以上或被战区（原大军区）以上单位授予荣誉称号的退役军人，录取时加20分投档。

③ 归侨、华侨子女、归侨子女和台湾省籍考生（含台湾户籍考生），录取时加5分投档。

④ 自主就业的退役士兵，录取时加10分投档。

（2）平时荣获二等功或者战时荣获三等功以上奖励军人的子女，一至四级残疾军人的子女，因公牺牲军人的子女，驻国家确定的三类以上艰苦边远地区和西藏自治区、军队划定的二类以上岛屿工作累计满20年军人的子女,在国家确定的四类以上艰苦边远地区或者军队划定的特类岛屿工作累计满10年军人的子女,在飞或停飞不满1年或达到飞行最高年限空勤军人的子女,从事舰艇工作满20年军人的子女,在航天和涉核岗位工作累计满15年军人的子女,在实行传统(顺序)志愿投档的批次,参加全国统考录取并达到有关高校投档要求的,予以优先录取。

公安烈士、公安英模和因公牺牲、一级至四级因公伤残公安民警子女参加全国统考录取的,按照《公安部 教育部关于进一步加强和改进公安英烈和因公牺牲伤残公安民警子女教育优待工作的通知》(公政治〔2018〕27号)的有关规定执行。国家综合性消防救援队伍人员及其子女参加全国统考录取的,参照军人有关优待政策执行。退出部队现役的考生、残疾人民警察参加全国统考录取并达到有关高校投档要求的,在与其他考生同等条件下优先录取。经共青团中央青年志愿者守信联合激励系统认定获得5A级青年志愿者的考生,以及受到设区市级以上人民政府或省级以上部门表彰的见义勇为人员或其子女,达到有关高校投档要求的,在与其他考生同等条件下优先录取。

### 15. 哪些情况属于思想政治品德考核不合格?

**答**:考生有下列情形之一且未能提供对错误的认识及改正错误的现实表现等证明材料的,应认定为思想政治品德考核不合格:

(1)有反对宪法所确定的基本原则的言行或参加邪教组织,情节严重的。

(2)触犯刑法、治安管理处罚法,受到刑事处罚或治安管理处罚且情节严重、性质恶劣,尚在处罚期内的。

# 二、体 检

**16. 高考体检如何进行?**

**答:** 高考体检由各市、县(市、区)招生考试机构根据本地的考生人数安排考生体检时间并通知各中学。

(1) 报考高校的所有考生均须参加身体健康状况检查(以下简称"体检"),如实填写本人的既往病史。

考生的体检工作按教育部、原卫生部、中国残疾人联合会《关于印发〈普通高等学校招生体检工作指导意见〉的通知》(教学〔2003〕3号)和《教育部办公厅 卫生部办公厅关于普通高等学校招生学生入学身体检查取消乙肝项目检测有关问题的通知》(教学厅〔2010〕2号)以及教育部高校学生司《关于明确慢性肝炎病人并且肝功能不正常的具体判定标准的函》(教学司函〔2010〕22号)执行。体检工作由县级(含)以上招生考试机构和卫生部门组织实施。考生体检须在指定的二级甲等(含)以上医院或相应的医疗单位进行,各体检机构须按照体检文件,对考生体检作出相应的、规范准确的结论,并对其真实性负责。非指定医疗机构为考生作出的体检结论无效。

(2) 应届毕业生一般由所在中学组织集体前往市、县(市、区)招生考试机构指定的高校招生体检站参加体检。往届生和社会人员应按本人报名地招生考试机构公布的时间,自行到指定体检站参加体检。

(3) 高考结束后,报考军队院校、公安政法院校(专业)的考生还须参加由相关部门组织的面试、体检或体能测试(测评),合格后方可报考相关院校。

(4) 体检结论是考生填报高考志愿的重要依据之一。体检工作结束后,由市、县(市、区)招生考试机构将体检结论通知考生本人,由考生本人签字确认,并按有关要求将信息记入考生的电子档案。

## 17. 如何正确理解体检结论,选报适当的专业?

**答**:(1) 教育部、原卫生部、中国残疾人联合会印发的《普通高等学校招生体检工作指导意见》及《教育部办公厅 卫生部办公厅关于普通高等学校招生学生入学身体检查取消乙肝项目检测有关问题的通知》等有关规定涵盖了普通高校的普通专业和航海类等特殊专业的身体要求。军队院校体检按《军队院校招收学员体格检查标准》等有关规定执行;公安政法院校(专业)体检按公安政法院校(专业)招生体检和体能测试(测评)的有关要求执行。为方便查询,江苏省高校招生体检工作手册等材料将公安政法院校(专业)体检中的有关身体要求,增印在《普通高等学校招生体检工作指导意见》的第二部分,习惯上称为"《普通高等学校招生体检工作指导意见》第二部分第六条"。

(2)《普通高等学校招生体检工作指导意见》分为三个部分。第一部分所列情况为"患有下列疾病者,学校可以不予录取",相应的体检结论为"不合格"。第二部分所列情况为"患有下列疾病者,学校有关专业可不予录取",相应的体检结论为"合格受限"。凡考生的体检结论属于第二部分的,将限报部分专业。特别需要注意的是,第二部分的第一至第三条属色觉检查,后一条对前一条具有包含关系,如限考第三条,则同时限考第一、第二条的专业;第四、第五条属视力检查,后一条对前一条也具有包含关系,如限考第五条,则表示第四、第五条所列的所有专业均限考;第六条所列标准为公安类院校的体检标准,凡在外科、五官科和肝功能检查的相关内容不合格者,不能报考公安类院校。合格受限的考生应对照《普通高等学校招生体检工作指导意见》和本人体检结论,选报自身身体条件适合就读的专业。第三部分所列情况系向考生提出的"患有下列疾病不宜就读的专业"的建议,若考生执意报考或就读相关专业,则今后可能会对其录取或学习及在相关领域(行业)就业产生影响,请考生注意查看院校招生章程中是否有相关的限报规定。

(3)残疾考生应根据自己的体检结论,对照《普通高等学校招生体检工作指导意见》,结合自身的残疾程度和高校的办学条件,避开限考的专业,合理选报院校及专业志愿。在教育部普通高等学校年度招生工作通知中,也明确规定:对高考成绩达到要求、身体条件能够完成所报专业学习、生活能够自理的考生,高等学校不能因其残疾而不予录取。

(4)《军队院校招收学员体格检查标准》的体检结论比较复杂,限考到专业种类和军兵种,参照军队院校招生有关规定执行。考生必须准确把握,慎重填报军队院校志愿。参加空军或海军招收飞行学员全面检测合格的考生,如兼报其他军队院校,还须参加军队院校招生的军检、面试并须合格。

(5)一些院校对部分专业(如护理等)还有相关的身体健康状况要求,具体请参见院校招生章程。

### 18. 对考生转氨酶检查有哪些要求?

**答:** 根据《普通高等学校招生体检工作指导意见》以及《教育部

办公厅 卫生部办公厅关于普通高等学校招生学生入学身体检查取消乙肝项目检测有关问题的通知》规定,取消乙肝项目检测,即取消乙肝病毒感染标志物检测,包括乙肝病毒表面抗原、乙肝病毒表面抗体、乙肝病毒e抗原、乙肝病毒e抗体、乙肝病毒核心抗体和乙肝病毒脱氧核糖核苷酸检测等,俗称"乙肝五项"和HBV-DNA检测;继续保留丙氨酸氨基转移酶(ALT,简称"转氨酶")检测作为体检项目。如果受检者转氨酶正常,不得进行乙肝项目检测;如果转氨酶在100单位以上,则进行乙肝项目检测,如表面抗原阳性,体检一个月后复检,复检结论仍不正常的考生,体检结论为不合格。

### 19. 残疾考生如何申请在高考中提供的合理便利?

**答:**根据《教育部 中国残联关于印发〈残疾人参加普通高等学校招生全国统一考试管理规定〉的通知》(教学〔2017〕4号)文件精神,江苏省教育考试院将为符合规定的残疾考生参加高考提供合理便利。具体流程如下:

(1)考生填写残疾人报考普通高等学校招生全国统一考试合理便利申请表,并提供本人的第二代及以上"中华人民共和国残疾人证"、身份证和户口簿等证明材料的原件和复印件,经所在中学(报名点)初审,在规定时间交县(市、区)招生考试机构,经县(市、区)招生考试机构审核(复印件须审核人签字)加盖公章后报设区市招生考试机构,由设区市招生考试机构审核汇总后报江苏省教育考试院。

(2)招生考试机构会同残联、卫健委等相关部门,对残疾考生身份及残疾情况进行确认,结合残疾考生的残疾程度、日常学习情况、提出的合理便利申请以及考试组织条件等因素进行综合评估,并形成评估意见。

(3) 江苏省教育考试院根据评估意见，会同省残联进行复审，形成残疾考生申请合理便利结果告知书并送达考生，由残疾考生或法定监护人确认、签收。残疾考生对告知书内容有异议的，可从收到告知书之日起3个工作日内向江苏省教育考试院提出书面复核申请。

(4) 所有申请合理便利的残疾考生经批准后方可享受相应合理便利参加高考，相关考点须按规定要求提供配套设施或服务。

听力残疾考生，经申请批准后可免考外语听力，其外语科目成绩按"笔试成绩×外语科总分值/笔试部分总分值"计算。外语听力免考的残疾考生，听力考试部分作答无效。其他考生进行外语听力考试期间，外语听力免考的残疾考生不得翻看试卷和作答。听力考试结束后，方可答题。

### 20. 军队院校对报考考生身体有何特殊要求？

**答：**根据《军队院校招收学员体格检查标准》，军队院校对考生身体条件的要求主要有以下几个方面：

(1) 身高要求为男性身高162 cm以上，女性身高160 cm以上。

(2) 体重要求为男性体重不超过标准体重的30%、不低于标准体重的15%，其中，音乐学专业体重不超过标准体重的35%；女性体重不超过标准体重的20%、不低于标准体重的15%，其中，舞蹈学专业体重不低于标准体重的20%。标准体重的计算公式为标准体重(kg)=身高(cm)-110。

(3) 裸眼视力低于4.5，不合格。任何一眼的裸眼视力低于4.9，需进行矫正视力检查，任何一眼的矫正视力低于4.9或矫正度数超过

600度,不合格。屈光不正,经准分子激光手术后半年以上且无并发症,任何一眼的裸眼视力达到4.9,眼底检查正常,除指挥、装甲、测绘、雷达、水面舰艇、潜艇、潜水、空降、特种作战专业外合格。其中,指挥、装甲、测绘、雷达、水面舰艇、潜艇专业,任何一眼的裸眼视力不低于4.9;潜水、空降、特种作战专业,任何一眼的裸眼视力不低于5.0。

(4)乙肝表面抗原和肝功能正常。

(5)血压在下列范围,合格:收缩压≥90 mmHg,<140 mmHg;舒张压≥60 mmHg,<90 mmHg。

(6)心率在下列范围,合格:心率60—100次/分;心率50—59次/分或者101—110次/分,经检查系生理性(潜艇、潜水、空降专业除外)。

(7)报考军队院校的考生还须通过军人职业基本适应性检测。

军队院校对报考考生身体有新要求的按新要求执行。

## 21. 公安类院校(专业)对报考考生身体有何特殊要求?

**答:** 根据公安普通高等院校招生工作有关文件规定,报考公安类院校(专业)的考生,除执行普通高等学校招生身体健康标准外,还应符合下列条件:男性170 cm及以上,女性160 cm及以上。男性体重指数(单位:kg/m$^2$)在17.3至27.3之间,女性在17.1至25.7之间。单侧裸眼视力4.8及以上,无色盲、色弱。其他条件详见《公务员录用体检通用标准(试行)》《公务员录用体检特殊标准(试行)》。

特别提示:各公安类院校(专业)对考生报考还有具体要求,请考生注意查阅招生院校的招生章程。

公安类院校(专业)对报考考生身体有新要求的按新要求执行。

**22. 政法院校的公安类专业对考生身体有何特殊要求？**

**答：** 政法院校公安类专业要求考生的裸眼视力在 4.7 以上，其余要求与公安类院校（专业）类似，并与公安类院校（专业）同时录取。具体请参见教育部高校学生司、司法部法规教育司《关于印发〈中国政法大学、西南政法大学、中南财经政法大学、华东政法学院、西北政法学院和中央司法警官学院提前录取专业招生办法〉的通知》（教学司〔2003〕16 号）和各院校招生章程。

**23. 航海类院校（专业）对考生身体有何特殊要求？**

**答：** 航海类专业是指从事海上或水上作业技术的专业，如轮机工程、航海技术、海洋船舶驾驶、海洋渔业科学与技术等。航海技术与海洋船舶驾驶专业一般要求考生的裸眼视力在 5.0 以上，轮机工程专业一般要求裸眼视力在 4.8 以上。航海技术专业要求男性身高 165 cm 以上、女性身高 155 cm 以上。航海类院校（专业）对考生身体的具体要求，请参见院校招生章程。

# 三、普通高中学业水平合格性考试

**24. 普通高中学业水平合格性考试包括哪些科目?**

答:包括《普通高中课程方案》所设定的所有科目,即语文、数学、外语、思想政治、历史、地理、物理、化学、生物、信息技术、艺术(音乐、美术)、体育与健康、通用技术、理科实验14门科目。

**25. 由省教育厅统一组织的合格性考试科目有哪些?**

答:由省教育厅统一组织考试的科目包括语文、数学、外语、思想政治、历史、地理、物理、化学、生物、信息技术10门科目。实行全省统一命题、统一考试、统一组织阅卷、统一公布成绩。

**26. 由设区市组织、学校实施的合格性考查科目有哪些?**

答:由省教育厅统一制定考试要求、设区市组织、学校实施考查,省教育厅抽查的科目包括艺术(音乐、美术)、体育与健康、通用技术、理科实验。

**27. 参加统一高考的学生,其语文、数学、外语科目合格性考试如何安排?**

答:可以用统一高考的语文、数学、外语科目考试替代相应科目的合格性考试。

**28. 合格性考试中外语科目有哪几种语种选择？**

答：外语科目分英语、日语、俄语、德语、法语、西班牙语6个语种，由考生任选其中1个语种参加考试。

**29. 合格性考试科目成绩如何呈现？**

答：合格性考试科目成绩以"合格""不合格"呈现。卷面得分60分及以上为合格，60分以下为不合格。未参加相关科目考试的，没有成绩。

**30. 合格性考试科目成绩的有效期为多久？**

答：合格性考试科目成绩长期有效。

**31. 考生高考时的选考科目对相应科目的合格性考试成绩有要求吗？**

答：有要求。考生高考时所选的选考科目，其相应科目的合格性考试成绩必须达到合格。

**32. 合格性考试报名时间是什么时候？**

答：每年的11月上中旬，具体日期详见江苏省教育考试院门户网站。

**33. 合格性考试对象包括哪些人员？**

答：普通高中在校学生均须参加合格性考试。高中阶段其他学校在校学生、往届生和社会人员也可报名参加合格性考试。

**34. 合格性考试如何报名?**

**答:** 所有考生均实行网上报名。普通高中在校学生在其学籍所在学校办理报名手续,高中阶段其他学校在校学生在其学籍所在地招生考试机构指定的报名点办理报名手续,往届生和社会人员在其户籍所在地招生考试机构指定的报名点办理报名手续。

**35. 普通高中在校学生在高二时可以报考哪几门合格性考试?**

**答:** 普通高中在校学生在高二第一学期末,可首次参加合格性考试,考试科目在思想政治、历史、地理、物理、化学、生物、信息技术7门中选择。

**36. 普通高中在校学生在高三时可以报考哪几门合格性考试?**

**答:** 普通高中在校学生在高三第一学期末,可参加语文、数学、外语、思想政治、历史、地理、物理、化学、生物、信息技术10门合格性考试。

**37. 合格性考试成绩不合格怎么办?**

**答:** 合格性考试成绩不合格的考生,可参加相应科目下一次考试。

**38. 合格性考试中对违规行为如何处理?**

**答:** 对考试违纪、作弊等违规行为,严格按照《国家教育考试违规处理办法》等有关规定处理。其中,考试违纪的,取消当场考试科目成绩;考试作弊的,取消当次报名合格性考试的所有科目成绩。

**39. 外省普通高中学业水平合格性考试成绩转入,如何进行认定?**

**答:**根据《省教育考试院关于印发外省普通高中学业水平合格性考试成绩转入江苏认定管理办法的通知》(苏教考招〔2020〕44号)要求,每年11月份高考报名工作结束后,至次年2月底前,考生在高考报名取得考籍号后,先通过报名网站按要求提交外省转入申请,初审通过后,由考生本人携带身份证原件、外省省级教育考试机构开具的普通高中学业水平合格性考试成绩证明原件至江苏省教育考试院(南京市鼓楼区北京西路15-2号)进行成绩转入认定。由家长代为办理的,需提交考生本人签名的委托书。

# 四、考　试

**40. 2024 年高考安排在什么时间进行测试？**

**答：** 具体考试安排如下：

| 时间 | 6月7日 | 6月8日 | 6月9日 |
|---|---|---|---|
| 上午 | 语文<br>(9:00—11:30) | 物理/历史<br>(9:00—10:15) | 化学<br>(8:30—9:45)<br>地理<br>(11:00—12:15) |
| 下午 | 数学<br>(15:00—17:00) | 外语<br>(15:00—17:00) | 思想政治<br>(14:30—15:45)<br>生物<br>(17:00—18:15) |

语文、数学和外语科目的考试时间以教育部统一公布的为准，如有调整，江苏省选择性考试科目的考试安排将作相应调整。

**41. 高考考试科目有哪些？**

**答：** 江苏省普通高校招生考试实行"3＋1＋2"模式，包括语文、数学、外语3门全国统考科目以及考生选择的3门选择性考试科目。选择性考试科目包括思想政治、历史、地理、物理、化学、生物6门，考生首先在物理、历史2门科目中选择1门，再从思想政治、地理、化学、生物4门科目中选择2门。全国统考科目使用全国卷，选择性考试科目由江苏省自行组织命题。

## 42. 高考文化总成绩是如何组成的?

**答:** 高考总分值设置为 750 分。考生总分由全国统考的语文、数学、外语 3 个科目成绩和考生选择的 3 门选择性考试科目成绩组成。

语文、数学、外语 3 门统考科目,每门 150 分,其中外语科目含听力考试 30 分。各科均以原始分计入考生总分。

3 门选择性考试科目每门 100 分。其中,物理、历史以原始分计入总分。其余 4 门科目(思想政治、地理、化学、生物)以等级分计入总分。

## 43. 再选科目等级分是如何换算的?

**答:** 等级分是按统一规则,由原始分进行等级划定后,再由等级转换而来的分数。对于某一再选科目,考生该科目的合格性考试成绩达到合格后,转换时赋分起点为 30 分,满分为 100 分。

具体分为两个步骤:第一步,按照考生原始分(保留两位小数)从高到低,划定 A、B、C、D、E 共五个等级,各等级人数所占比例分别约为 15%、35%、35%、13% 和 2%,从而将考生的原始分转换成了等级;第二步,将 A 至 E 五个等级内的考生原始分,依照等比例转换法则,分别对应转换到 100—86、85—71、70—56、55—41 和 40—30 五个分数段,从而将考生的等级转换成了等级分。转换公式如下:

$$\frac{Y_2-Y}{Y-Y_1}=\frac{T_2-T}{T-T_1}$$

其中:

$Y$ 表示原始分;

$T$ 表示转换分;

$Y_1$、$Y_2$ 分别表示原始分区间的下限和上限；

$T_1$、$T_2$ 分别表示转换分区间的下限和上限。

### 44. 是否可以查询再选科目的原始分？

答："3+1+2"模式下，4门再选科目的原始分之间不具备可比性和可加性，无法直接以原始分计入高考总分。采用等级分计入高考总分，4门再选科目的原始分是成绩转换环节的过程性信息，不是最终成绩，不提供查询。

### 45. 选择性考试科目对应的合格性考试成绩不合格，考生能否参加高考？

答：根据规定，考生的合格性考试科目成绩合格，方可参加该科目的选择性考试。如果考生的选择性考试科目对应的合格性考试成绩不合格，则不能参加该科目的选择性考试，但考生可参加语文、数学、外语以及其他符合要求的选择性考试科目考试。合格性考试科目不合格的考生可在规定时间申请调整选择性考试科目。

### 46. 再选科目保障机制指的是什么？建立再选科目保障机制的目标和原则是什么？

答：再选科目保障机制是指在实施新高考方案（"3+1+2"模式）过程中，经充分论证，确定再选科目的保障比例。当某一再选科目考生实考人数占总实考人数的比例低于保障比例时，启动再选科目保障机制，依照保障比例计算该科目的保障基数进行赋分。

建立再选科目保障机制的目标是促进考生自主选科与国家人才

需要和高校选拔要求更加匹配。其原则是"四个有利于"：一是有利于更好地满足国家人才需要；二是有利于高校科学选才和人才培养；三是有利于普通高中教育健康生态的形成；四是有利于维护高考的公平公正。

**47. 再选科目保障机制针对哪些科目？保障比例的测算依据和方法是什么？**

答：再选科目保障机制针对思想政治、地理、化学、生物4门科目。针对当前学生选考科目实际，先实行化学选考科目保障机制。

保障比例的测算主要依据国家人才宏观需求和高校人才选拔现实要求。以化学为例，根据国家人才需要，依据相关学科（专业）对化学科目选考要求和全国高校近5年面向江苏的招生计划数进行测算，化学科目保障比例为当年高考总实考人数的25%。当化学科目实考人数占当年高考总实考人数的比例低于25%时，启动化学科目保障机制，考生原始分转换等级时，将以保障比例（25%）对应的考生数作为等级赋分基数；当化学科目实考人数占当年高考总实考人数的比例等于或高于25%时，以实际参加化学科目考试的人数为等级赋分基数。其他再选科目出现类似情况的，参照上述方法建立相应的保障机制，具体办法由省教育行政部门负责制定实施。

**48. 考生可以调整选考科目吗？**

答：考生可以根据本人对个人志向、兴趣爱好、自身优势等因素的重新评估，结合意愿报考院校相关专业选考要求，调整自己的选考科目。考生在做出调整决定时应做到理性慎重，对自己的选择行为负责。

考虑到学习和复习备考的实际,有调整意愿的考生,应该尽早向所在中学提出申请,调整并填表确认自己的选考科目。

### 49. 考生考前要做哪些准备?

答:考生应准备好考试规定使用的文具用品、准考证、身份证;熟悉自己所在的考点、考场和座位以及考点环境;了解考试纪律,学习《考生守则》;注意饮食卫生,劳逸结合,并做好应试的心理准备等。

### 50. 考生在考试中要遵守哪些考试纪律?

答:考生在考试中必须严格遵守《考生守则》,只准携带符合规定的物品进入考场。在考场内须保持安静,不准吸烟,不准喧哗,不准交头接耳、左顾右盼、打手势、做暗号;不准夹带、旁窥、抄袭或有意让他人抄袭;不准传抄答案或交换试卷、答题卡或答卷、草稿纸,不准将试卷、答题卡或答卷、草稿纸带出考场。考生不得把答题卡或答卷、草稿纸摊放在座位两边(以身体为界)。

### 51. 考生进入考场时只准携带哪些物品?

答:只准携带 2B 铅笔、0.5 mm 黑色墨水的签字笔、直尺、圆规、三角板、无封套橡皮、小刀、空白垫纸板和透明笔袋进入考场。严禁携带手机等各种具有发送或者接收信息功能的设备、电子存储记忆录放设备、电子手环、手表(考场内设置时钟,为考生提供时间参考),以及涂改液、修正带、透明胶带等物品。

### 52. 考生进入考场接受物品检查需要注意哪些事项？

**答：** 考生需要注意以下事项：

（1）严禁携带手机等各类具有发送或者接收信息功能的设备进入考点，严禁携带电子存储记忆录放设备、电子手环、手表等进入考场。如无意中携带了禁带物品，应在进场前送交送考人员，或放在考场外的"物品摆放处"，手机应放在考点手机集中存放处，考点对此不负保管责任。

（2）不佩戴金属首饰，最好不要穿有金属纽扣或饰品的衣服和鞋子，以免探测器报警影响进场速度。

（3）将考试所需的文具装在透明的笔袋里，以便监考人员检查。

（4）主动配合监考人员进行检查。如在检查过程中出现报警声，监考人员会询问考生并要求考生出示相关金属物品，并对原检查部位再次复检，确定无禁带物品后，考生须进行身份验证。

（5）考生身份验证后入座，如在考前或考试中离开考场，或从书包内取拿物品，回到考场时，监考人员会对考生再次进行检查。因此考生应做好考前各项准备，尽可能避免上述情况的发生。

（6）如考生携带手机等禁带物品进入高考考场，考试开始后，无论是否故意、是否使用，根据《国家教育考试违规处理办法》规定，一律按考试违规进行处理，并将其违规行为记入国家教育考试考生诚信档案，在录取时提供给招生院校，作为高校录取新生的重要参考。

### 53. 考生考试违规的处罚依据是什么？

**答：** 考试违规行为依据《国家教育考试违规处理办法》《中华人民共和国教育法》《中华人民共和国刑法》等严肃处理。

(1) 对于违规行为的认定:

① 在考试过程中,只要携带手机等具有发送或者接收信息功能设备的,无论是否使用,一律按照作弊处理。

② 对于雷同卷的认定,评卷过程中被认定为答案雷同的,不再仅限于"同一科目同一考场"。

③ 考试工作人员通过视频发现考生有违纪、作弊行为的,可以由省级考试机构认定并作出处理决定。

(2) 对于考生违规行为的处理。有下列情形之一的,可以视情节轻重,由教育行政部门给予暂停参加该项考试1至3年的处理;情节特别严重的,可以同时给予暂停参加各种国家教育考试1至3年的处理:

① 组织团伙作弊的。

② 向考场外发送、传递试题信息的。

③ 使用相关设备接收信息实施作弊的。

④ 伪造、变造身份证、准考证及其他证明材料,由他人代替或者代替考生参加考试的。

(3) 对于在校学生、在职教师违规行为的处理。有下列行为之一的,教育考试机构应当通报其所在学校,由学校根据有关规定严肃处理,直至开除学籍或者予以解聘:

① 代替考生或者由他人代替参加考试的。

② 组织团伙作弊的。

③ 为作弊组织者提供试题信息、答案及相应设备等参与团伙作弊行为的。

(4)《中华人民共和国刑法》规定,凡存在组织作弊、买卖作弊设备、买卖考题、替考等作弊以及帮助作弊行为,涉嫌构成犯罪的,由司法机关依法追究刑事责任。

## 54. 诚信考试记录对考生录取有何影响？

**答：** 考生诚信考试记录的主要内容为考生参加高校招生考试各环节中的违规事实及处理结果。诚信考试记录作为考生电子档案的一部分，将在录取时提供给高校作为重要参考。高校在认真审阅考生诚信考试记录等信息的基础上，决定考生录取与否。

## 55. 在考试过程中，考生应特别注意哪些重要事项？

**答：**（1）考生应在每科开考前25分钟（语文、外语为考前30分钟）进入考场。考生进场时，监考人员将用金属探测器检查考生是否携带了禁带物品。检查完毕，经身份验证后，考生凭准考证对号入座，并将准考证和身份证放在考桌靠走道一侧，以备核验。其中，身份验证未通过的，监考员再次验证身份。

（2）考生领到答题卡和试卷后，应在指定位置和规定的时间内准确、清楚地填写姓名、准考证号等栏目。监考人员贴好条形码后，考生须核对条形码上的信息是否与自己的准考证号、姓名相符。答题卡如分A、B卡，考生还须检查所得A或B卡是否与自己应持卡一致。

（3）开考信号发出后才能开始答题。

（4）开考15分钟后（外语考试为开考前15分钟起）考生不得入场。

（5）除外语科目外，笔试一律用国家通用语言文字作答。作答选择题时，必须用2B铅笔在答题卡上按照填涂示例将对应的选项涂满、涂黑；作答非选择题时，必须使用0.5 mm黑色墨水的签字笔在答题卡规定的区域内答题；作图时，用2B铅笔绘、写清楚，线条及符号等须加黑、加粗。不准用规定以外的笔答题，不准用规定以外的语言文字答题,不准在试卷、草稿纸及规定的答题卡答题区域外作答,不准在答题卡上做任何标记,否则答题无效。

(6) 所有科目考试不允许提前交卷。

(7) 考试终了信号发出后,立即停笔,不准超时答题。根据监考人员指令依次退出考场,不准在考场逗留。

### 56. 外语听力考试时考生要注意哪些事项?

**答:** 外语科目考试考生须提前30分钟入场,开考前15分钟起禁止考生进入考场。在外语听力考试期间,考生须保持安静,不得影响其他考生答题。

### 57. 高考外语科目有哪些语种?

**答:** 高考外语科目有英语、俄语、日语、法语、德语、西班牙语6个语种,由考生任选一种。

### 58. 哪些人需要参加外语口语测试?

**答:** 根据教育部普通高校招生工作规定,报考对外语口语有成绩要求的专业的考生,应参加外语口语测试,测试成绩供高校录取时参考。

### 59. 网上评卷对考生作答有何要求?

**答:** 网上评卷对考生作答有如下要求:

(1) 选择题和非选择题都必须在答题卡上作答,在试卷和草稿纸上作答无效。

（2）考生在开考前领到答题卡后，要认真检查答题卡正反面及A、B卡类型是否与自己应持卡一致；如答题卡出现字迹模糊、行列歪斜或缺印等现象要立即向监考人员报告。

（3）条形码由监考人员负责粘贴在答题卡上指定的贴条形码区，贴好后，考生要认真核对条形码上的信息是否与自己的姓名、准考证号相符，如有错误应立即向监考人员报告。

（4）作答选择题时，必须用2B铅笔在答题卡上按照填涂示例将对应的选项涂黑、涂满，修改答案时，应使用绘图橡皮轻擦干净，注意不要擦破答题卡。

（5）作答非选择题时，必须用0.5 mm黑色墨水的签字笔在各题规定的答题区域内答题，切不可答题错位、答题题号顺序颠倒、超出本题答题区域或超出答题卡黑色边框线作答，否则答案无效。如修改答案，应用笔将废弃内容划去，然后在划去内容上方或下方写出新的答案；或使用橡皮擦掉废弃内容后，再书写新的内容。

（6）作图题用2B铅笔绘、写清楚，线条及符号等须加黑、加粗。

（7）保持卡面清洁，不要将答题卡折叠、弄破，严禁在答题卡的条形码和图像定位点(黑方块)周围涂写和做任何标记。

# 五、招生计划与招生章程

## 60. 江苏省普通高校招生计划何时公布？如何公布？

**答：**江苏省普通高校招生计划于6月下旬在《江苏招生考试》（招生计划专刊）上向社会公布。江苏省普通高校招生普通类、体育类、艺术类招生计划均按照历史等科目类、物理等科目类分别编制。高校按院校专业组方式编制招生计划。在每一批次平行志愿[含艺术类传统（顺序）志愿]录取结束后，院校的征求志愿计划通过江苏省教育考试院门户网站向社会公布。

## 61. 江苏省如何在招生计划中公布高校对考生的选择性考试科目的要求？

**答：**江苏省招生计划分为普通类、体育类和艺术类，各院校按专业组公布对考生的选择性考试科目要求。考生可以通过《江苏招生考试》（招生计划专刊）查询各高校的院校专业组对考生的选择性考试科目要求。

## 62. 什么是独立设置的民办高校？

**答：**独立设置的民办高校是指除国家机关和国有企事业单位组织以外的各种社会组织及公民个人利用非国家财政性经费，依据《民办高等学校设置暂行规定》，经省级人民政府批准设立的、具有法人资格的、独立自主运行和实施高等学历教育的教育机构。其招收的学生，除收费标准不同外，在校待遇、毕业生就业政策等与非民办高校相同,毕业后颁发独立设置的民办高校文凭。

## 63. 什么是独立学院?

**答:** 独立学院是普通高校依据《教育部关于印发〈关于规范并加强普通高校以新的机制和模式试办独立学院管理的若干意见〉的通知》(教发〔2003〕8号),经教育部批准后,依托高校本部师资优势而设立的具有法人资格的实施高等学历教育的教育机构。其招收的学生,除收费标准不同外,在校待遇、毕业生就业政策等与非民办高校相同,毕业后颁发独立学院文凭。

## 64. 学生入学后应缴纳哪些费用?

**答:** 普通高等教育属于非义务教育,学生入学后均须缴纳一定的费用。江苏省教育考试院在公布招生计划的同时,按学校上报的数额,公布了各院校各专业、每生每学年学费的收费标准,供考生填报志愿时参考。按照教育部关于收费管理属地化的原则,各高校均执行经学校所在省物价部门批准的收费标准收取学费。

除学费外,各招生院校还要收取一定数额的书本费、住宿费和公寓化管理等有关费用。

## 65. 考生在查阅招生计划时还要注意哪些问题?

**答:** 考生在查阅招生计划时需注意各高校的院校专业组对考生的选择性考试科目要求、学费标准等,同时还须查阅院校招生章程,了解办学地点、特殊院校(专业)对考生性别、外语语种、身体条件和加试(面试)等方面的要求。

考生填报志愿时务必以当年的《江苏招生考试》(招生计划专刊)上公布的院校专业组代号为准。

## 66. 院校招生章程的作用是什么？招生章程主要有哪些内容？院校如何公布？

**答：**招生章程是高校向社会公布招生方案和录取规则等招生信息的主要方式，是其开展招生工作、录取新生的重要依据。

招生章程主要内容包括高校全称、校址(分校、校区等须注明)、层次(本科、高职或专科)、办学类型(如普通或成人高校、公办或民办高校或独立学院、高等专科学校或高等职业技术学院等)、招生计划分配的原则和办法、专业培养对外语的要求、身体健康状况要求、录取规则(如有无加试要求、对加分或降低分数要求投档及投档成绩相同考生的处理、进档考生的专业安排办法等)、学费标准、颁发学历证书的学校名称及证书种类、联系电话、网址，以及其他须知等。院校的各项规定必须符合《中华人民共和国教育法》《中华人民共和国高等教育法》和教育部、省招委会、省教育厅的有关规定。凡高校招生章程与国家和江苏省的招生政策相违背的，以国家和江苏省的招生政策为准。

江苏省教育考试院在《江苏招生考试》(招生计划专刊)上向社会公布各院校发布招生章程的网址及其联系方式，由考生直接向院校查询。

# 六、志愿填报

### 67. 江苏省2024年志愿填报时间如何安排？

**答**：考生在获知高考成绩、学业水平考试成绩、位次信息、各批次省录取控制分数线后，在江苏省教育考试院门户网站或专设网站，分两个阶段网上填报志愿。

第一阶段：6月28日至7月2日，填报本科院校专业组志愿，包括普通类本科提前批次志愿，含军队、公安政法、航海、地方专项计划、乡村教师计划、农村订单定向医学生、其他院校等；体育类或艺术类本科提前批次志愿；普通类本科批次志愿以及高校专项计划、综合评价招生、高水平运动队志愿。

第二阶段：7月27日至28日，填报专科批次院校专业组志愿。凡未被第一阶段各批次高校录取的考生均可填报，包括普通类、体育类、艺术类专科批次志愿。

### 68. 志愿填报的基本步骤和程序是怎样的？

**答**：考生在规定时间内凭考籍号、身份证号、密码和动态口令卡登录志愿填报系统，根据系统显示的页面，选择院校专业组和专业志愿，确认无误后保存提交。

### 69. 考生在志愿填报规定时间内有几次修改志愿的机会？

**答**：在志愿填报截止时间前，考生均可登录系统，修改和提交志愿。系统以考生在志愿填报规定时间内最后一次确定并成功提交的志愿为准。

## 70. 志愿填报时间截止后还可以补报志愿吗？

**答：**不接受任何补报志愿。考生应尽早上网填报并提交，避免集中在截止时间临近前填报，特别是网络条件较差的地区要防止在填报结束前因网络拥堵而不能登录填报网站。志愿填报截止时间一到，志愿填报服务系统就自动关闭，关闭后，考生将不能上网填报。

## 71. 考生填报高考志愿时，须参考哪些资料？

**答：**（1）《江苏招生考试》（招生计划专刊）。普通高校招生专业计划内容包括院校、院校专业组、专业（专业类）、层次、选考科目要求、计划数、学制、学费参考等。考生填报志愿时的院校专业组代号和专业代号，务必以江苏省当年《江苏招生考试》（招生计划专刊）上公布的为准。

（2）院校招生章程。考生须认真研读拟报考院校当年招生章程，特别要注意各专业对考生的要求，如体检、单科成绩、选考科目要求等是否符合报考条件。了解对进档考生的排序办法、录取规则等。考生可登录高校官方网站或教育部"阳光高考"平台查询高校的招生章程。

注意：对于不符合报考条件的专业，考生一定慎重填报，否则一旦被投档到某个高校的专业又不符合高校招生章程的要求，就会造成退档。

（3）关注当年《报考指南·江苏省普通高校招生百问》《江苏省普

通高校招生录取资料汇编》、江苏省教育考试院门户网站、"江苏招生考试"微信公众号发布的有关高校招生的各类信息,熟悉招生政策和规定。

（4）往年的专业录取情况。考生可通过志愿填报服务系统,查询到近3年各院校专业录取平均分、最低分和相应位次（或名次）等信息。

（5）通过有关院校的网站和宣传资料,了解专业设置、办学特色、培养方向,了解目标院校办学综合情况、目标专业建设及就业情况等。

### 72. 志愿填报的基本模式是什么？

答：志愿填报采用"院校专业组＋专业（类）"模式。院校专业组由院校根据不同专业（或专业类）的人才培养需要和选考科目要求设置,是志愿填报的基本单位。一所院校可设置一个或多个院校专业组,每个院校专业组内可包含数量不等的专业（类）。同一院校专业组内各专业（类）对考生的选考科目要求相同。同一院校选考科目要求相同的专业（类）也可分设在不同的院校专业组中。考生的学业水平选择性考试科目须符合报考院校专业组的选考科目要求,方可报考相关志愿。

### 73. 志愿填报时,考生的选考科目应如何对应高校的要求？

答：（1）符合首选科目（历史或物理）的要求。历史等科目类下的专业,只有首选科目为历史的考生才能填报；物理等科目类下的专业,只有首选科目为物理的考生才能填报。

(2) 符合再选科目要求。

① 不提再选科目要求的,符合首选科目要求的考生均可填报。

② 提出1门再选科目要求的,考生必须选考该科目方可填报。如某校某专业对化学科目提出要求,符合首选科目要求且再选科目选考化学的考生才能填报。

③ 提出2门再选科目要求且均须选考的,考生须同时选考这2门再选科目方可填报。如某校某专业对化学和生物科目提出要求,符合首选科目要求且再选科目同时选考化学和生物科目的考生才能填报。

④ 提出2门再选科目要求且只需选考其中1门的,考生选考该2门科目中的任意1门即可填报。如某校某专业要求考生选考化学或生物科目,符合首选科目要求且只要再选科目中有化学或生物科目的考生即可填报。

### 74. 普通类分几个批次？每个批次志愿如何设置？

**答：** 普通类录取分本科提前批次、本科批次和专科批次。本科提前批次设置20个院校专业组志愿,每个院校专业组志愿设置6个专业志愿和1个专业服从调剂志愿。本科批次和专科批次分别设置40个院校专业组志愿,每个院校专业组志愿设置6个专业志愿和1个专业服从调剂志愿。

### 75. 艺术类分几个批次？每个批次志愿如何设置？

**答：** 艺术类录取分本科提前批次和专科批次。其中,本科提前批次分2个小批。

本科提前批次第 1 小批和专科批次中使用戏曲类省际联考成绩录取的专业实行传统(顺序)志愿,设置 1 个院校专业组志愿,包括 4 个专业志愿和 1 个专业服从调剂志愿。

本科提前批次第 2 小批和专科批次中使用省统考成绩录取的专业实行平行志愿,设置 20 个院校专业组志愿,每个院校专业组志愿设置 4 个专业志愿和 1 个专业服从调剂志愿。

## 76. 体育类分几个批次?每个批次志愿如何设置?

**答**:体育类录取分本科提前批次和专科批次。分别设置 20 个院校专业组志愿,每个院校专业组志愿设置 4 个专业志愿和 1 个专业服从调剂志愿。

## 77. 特殊类型志愿是如何设置的?填报特殊类型志愿有何要求?

**答**:填报高校专项计划、综合评价招生、高水平运动队志愿的考生须符合相关院校相应招生资格,且高考成绩等达到有关要求。高校专项计划、综合评价招生(B 类高校)、高水平运动队等特殊类型,分历史等科目类和物理等科目类,设置 1 个院校志愿,包括 6 个专业志愿和 1 个专业服从调剂志愿。

通过综合评价招生(A 类高校)初审的考生,须在规定时间内登录江苏省教育考试院高考综合业务信息管理系统考生服务平台,确认报考高校志愿及顺序。在规定时间未确认高校志愿的,视同自动放弃已取得相应高校的报考资格。从 2024 年起,报考高水平运动队的考生须在网上填报相应志愿,参加批量投档录取。

## 78. 体育类、艺术类考生填报志愿时,可以兼报普通类专业吗?

答:体育类、艺术类考生可兼报普通类本科批次和专科批次专业(专科批次的定向培养军士计划除外)。

## 79. 哪些批次不能兼报?

答:本科提前批次的普通类各类院校(专业)、体育类提前录取本科院校、艺术类提前录取本科院校等均不能同时兼报。专科批次的定向培养军士计划与体育类、艺术类不能兼报。

## 80. 考生如何填报专业服从调剂志愿?

答:在普通类、体育类和艺术类的每个院校专业组志愿中,均设有1个专业服从调剂志愿。考生如在"是否服从其他专业"志愿栏内填报"是",则表示愿意无条件服从该院校本批次本专业组的所有专业。

## 81. 各批次结束后是否有征求志愿?征求志愿怎样设置?

答:在各批次平行志愿[含艺术类传统(顺序)志愿]录取结束后,江苏省教育考试院将及时公布未完成招生计划的院校专业组、专业(类)及计划数。未被录取且符合相应批次填报征求志愿条件的考生,须按江苏省教育考试院规定的时间自行上网填报征求志愿。

征求志愿设置与相应批次平行志愿[含艺术类传统(顺序)志愿]设置一致。艺术类本科提前批次第1小批不设征求志愿。

# 七、录 取

**82. 什么是普通高校招生网上录取？普通高校网上录取的流程是什么？**

**答：**普通高校招生网上录取是一种依托于计算机及远程网络的无纸化录取方式。所有考生的电子档案都存储在江苏省教育考试院的中心服务器内，院校招生工作人员通过计算机远程网络系统直接调阅考生电子档案，根据院校招生章程，按照择优录取的原则确定考生录取与否。录取全过程实现无纸化，提高了工作效率。

实行网上录取后，江苏省教育考试院对计划的调整、考生档案的流通、招生信息的动态管理和录取审批等都可通过计算机的命令来实现，各部门、各岗位均由系统授权行使职能，江苏省教育考试院工作人员与院校招生工作人员所有的工作轨迹全部由计算机予以记载，全过程实现了无纸化，提高了工作效率，有效减少了人为因素的干扰，更好地贯彻了公平、公正、择优的录取原则。

普通高校招生网上录取流程的主要环节如下：

（1）准备。院校的有关设备须与江苏省教育考试院录取专用的服务器连通。院校核对招生计划、了解江苏的招生政策和规定、确定合理的调档比例等。

（2）投档。江苏省教育考试院根据院校的调档比例，通过计算机网络向院校投档。

（3）下载、阅档。在规定的工作时间内，院校通过计算机下载并审阅报考本校的考生的电子档案。

（4）退档。学校在规定的时间内根据江苏的招生政策和规定，按招生计划、本校的招生章程和录取规则确定拟录取的考生及其专业，同时向江苏省教育考试院提交拟退档的考生名单。江苏省教育考试院根据招生政策和院校招生章程，对学校提交的拟退档名单进行复核，将退档理由不成立或不充分的考生名单退回院校，由高校重新审核。

（5）录取。江苏省教育考试院工作人员在规定的时间内与院校招生工作人员核对、确认录取新生名单。

（6）新生录取通知书的发放。新生录取名单经江苏省教育考试院核准后，院校方可发放录取通知书，录取通知书须由校长签发。

## 83. 高校招生录取原则和录取体制分别是什么？录取方式较高考综合改革前有什么变化？

**答：** 高校招生录取工作由江苏省教育考试院统一组织实施远程网上录取。新生录取工作坚持"公平、公正、公开"的原则。坚持以文化考试为主，德智体美劳全面考核，综合评价，择优录取。

高校招生实行"高校负责、省教育考试院监督"的录取体制。江苏省教育考试院负责组织实施向高校投放合格生源的电子档案，并监督院校执行国家招生政策、招生计划情况，防止、纠正违反国家招生政策、规定的行为。对思想政治品德考核合格、身体状况符合相关专业培养要求、投档成绩达到同批省录取控制分数线并符合高校调档要求的考生，江苏省教育考试院按高校提出的调阅考生档案比例向其投放考生电子档案，调档比例原则上控制在105%以内。高校根据其预先公布的招生章程中确定的录取规则，对进档考生排序，再依据高校确定的专业安排规则,决定考生录取与否及所录取专业,并负责对未录取考生的解释及遗留问题的处理。

江苏省普通高校招生依据统一高考和高中学业水平考试成绩,参考综合素质评价实施录取。按历史等科目类、物理等科目类分开计划、分开划线、分开录取。考生志愿由"院校专业组＋专业(类)"组成,一个院校专业组为一个志愿单位,主要实行平行志愿的投档方式(部分特殊类型及有相关要求的招生除外)。与高考综合改革前相比,主要变化如下:

(1) 由投档到院校变为投档到院校专业组。

(2) 专业调剂范围不同。改革前,专业服从调剂志愿可在招生院校未录满专业中进行调剂;改革后,只能在同一个院校专业组内未录满专业中进行专业调剂。

### 84. 院校专业组的投档录取方式有何优势?

**答:** 一是能提高考生志愿满意度。考生根据自己所选的选择性考试科目填报相应的专业组志愿,专业组内可能是一个专业,也可能是多个专业,考生按专业组投档后,符合条件的,可在该专业组内进行专业调剂,提升了考生的兴趣志向和最终所录专业的契合度,真正做到了"学其所好、录其所长"。

二是符合高校选拔和培养人才的要求。高校根据专业人才培养对学生学科专业基础的要求以及学校自身办学的需要,设置选择性考试科目要求。按院校专业组投档录取,能提高考生选考科目与高校招生专业选考要求的匹配度,使学校招录到有相应学科特长和兴趣的考生,有利于进校后人才培养和学校自身发展。

三是能够引领基础教育健康发展。促使高中学校关注学生学习过程中的兴趣、特长和专业志向,更多关注学生的综合素质发展,促进学生个性和特长的发展。

## 85. 江苏省2024年高校录取分几个批次进行?

答:录取批次共设3批,其中本科2批,专科1批,依次如下:

(1)本科提前批次。包括军队院校等部分普通类本科院校(专业)、体育类本科院校、艺术类本科院校。强基计划、综合评价(A类高校)等类型的录取,安排在本科提前批次之前进行。

(2)本科批次。高校专项计划、综合评价(B类高校)、高水平运动队等特殊类型招生的录取,安排在本科提前批次之后、本科批次开始之前进行。

(3)专科批次。其中,体育类、艺术类、定向培养军士等在普通类批量投档前完成录取。

其中,艺术类本科院校的录取细分为2个批次分别进行,具体详见本书艺术类招生部分。

## 86. 普通类各批次省录取控制分数线是如何划定的?

答:普通类本、专科录取控制分数线按照普通类(历史等科目类)、普通类(物理等科目类)本科和专科层次招生计划的一定比例,并结合生源情况等因素分别划定。

## 87. 平行志愿的投档原则是什么?具体的投档过程怎样?

答:平行志愿的投档原则是"按分排序,遵循志愿"。以普通类本科批次为例，考生的投档分为高考文化总分，具体的投档过程：将省控线上的考生，分历史等科目类、物理等科目类，按照总分从高分到低分的顺序，依次检索每个考生所填报的第1—40个院校专业组志愿，分别根据各院校专业组的应投档人数和选考科目要求进行投档。只要被检索的志愿中一经出现符合投档条件的院校专业组，即向该院校专业组投档，由高校决定该生录取与否及所录取的专业。如该生填报的志愿经检索后均不符合投档条件，则该生无法被投出，此时该生已完成了本批次平行院校志愿的检索、投档，系统将进行下一个考生的检索、投档。也就是说，未完成上一个高分考生的第1—40个院校专业组志愿检索、投档过程，就不会对下一个低分考生进行检索、投档；上一个高分考生的第40个院校专业组志愿的投档将优先于下一个低分考生的第1个院校专业组志愿的投档。如果考生档案投到某院校专业组后，因故被退出，将不再补投到该批次平行志愿后续的其他院校专业组。

## 88. 院校在什么情况下可以降分录取？对降分录取考生如何投档？

**答：**在各批次平行志愿[含艺术类传统（顺序）志愿]录取后、填报征求志愿时，根据录取情况确定是否允许相应批次省控线（文化分）下一定分值以内考生填报。在征求志愿录取后，如有少数院校线上生源仍不足，不能完成招生计划，对本批次填报征求志愿中填有缺额院校志愿的考生，按其志愿，适当降分向缺额院校投档，由院校择优录取。各批次最大降分幅度不超过20分。

**89. 普通类考生的投档分相同时如何排序？**

答：普通类使用平行志愿投档时，如考生投档分相同，依次按语文数学两科成绩之和、语文或数学单科最高成绩、外语单科成绩、首选科目单科成绩、再选科目单科最高成绩由高到低排序投档；如仍相同，比较考生志愿顺序，顺序在前者优先投档，志愿顺序相同则全部投档。

**90. 体育类和艺术类考生的投档分相同时如何排序？**

答：体育类、艺术类使用平行志愿投档时，如考生投档分相同，依次按高考文化分、语文数学两科成绩之和、语文或数学单科最高成绩、外语单科成绩、首选科目单科成绩、再选科目单科最高成绩由高到低排序投档；如仍相同，比较考生志愿顺序，顺序在前者优先投档，志愿顺序相同则全部投档。

**91. 考生接到录取通知书后，如何办理档案移交手续？**

答：考生被高校录取后，凭录取通知书到原毕业中学（单位）领取经密封的个人纸质档案材料，到高校报到时移交给高校。已录取考生的报名登记表、体检表、志愿表等信息，由高校从本校录取库中将考生电子档案中的有关信息直接打印成纸质材料，并加盖学校公章，与其他纸质档案一起存入考生个人档案。

# 八、特殊类型招生

**92. 哪些考生可报考高水平运动队?**

**答:** 根据教育部规定,符合江苏省高考报名条件,获得国家一级运动员(含)以上技术等级称号者方可报考高水平运动队。2027年起,符合江苏省高考报名条件,获得国家一级运动员(含)以上技术等级称号且近三年在体育总局、教育部规定的全国性比赛中获得前八名者方可以报考高水平运动队。高校可根据本校建队实际细化确定认可的比赛、名次、主力上场队员标准等,并向社会公布。运动队的招生对象不限年龄。

**93. 报考高水平运动队有哪些步骤? 高水平运动队的录取政策是什么?**

**答:** 考生报考高水平运动队的步骤如下:

(1) 高考报名。考生于规定时间参加当年度高考报名。

(2) 报名申请。报考高水平运动队的考生,可通过查询高校招生网站等方式了解高校招生办法及有关要求,并在规定时间内按照体育总局指定的方式(详细报名信息见"中国运动文化教育网"或"体教联盟"APP),申请有关高校高水平运动队招生项目。

(3) 体育测试。高水平运动队所有项目专业测试全部实施全国统考,与运动训练、武术与民族传统体育专业招生的体育专项考试统一组织。

(4) 文化统考。2024年起,高水平运动队考生文化考试成绩全部使用全国统一高考文化课考试成绩。高校要按照本校发展定位和人才培养要求,合理确定本校高水平运动队录取考生文化课成绩要求。相关文件规定的部分"双一流"建设高校对考生的高考成绩要求须达到生源省份普通类本科批次录取控制分数线;其他高校对考生的高考成绩要求须达到生源省份普通类本科批次录取控制分数线的80%。

对于体育专业成绩突出、具有特殊培养潜质的考生,高校可探索建立文化课成绩破格录取机制。破格录取办法须经学校党委常委会审议并报所在地省级教育行政部门备案,提前在学校高水平运动队考试招生办法中向社会公布。破格录取考生名单须经学校招生工作领导小组审议并报生源所在地核准后在学校招生网站进行公示。

(5)志愿填报。入围考生须在江苏省高考志愿填报的规定时间内,登录江苏省教育考试院高考志愿填报系统,在"高水平运动队"专栏中填报志愿。高校专项计划、综合评价招生(B类高校)、高水平运动队三类志愿之间不得兼报;符合多项入选资格的考生,只能选择其一填报。

(6)投档录取。投档工作安排在本科提前批次录取后、本科批次投档前进行。高校按照公布的录取规则,根据入围考生填报的志愿和体育专业测试成绩择优录取。在录取考生中,高考文化课成绩不低于高校相关专业在生源省份录取分数线下20分的考生,可录取至对应的普通专业;其余考生限定录取至体育学类专业。高校应在普通本科批次录取结束前确定考生录取专业。

(7)名单公示。在规定时间内,有关高校将相关考生名单报教育部和江苏省教育考试院公示。

**94. 哪些院校可以招收保送生？院校招收保送生有哪些要求及步骤？**

**答：**具有高等学历教育招生资格的普通本科院校均可按照教育部有关规定招收保送生。

符合下列条件之一的考生具有保送生资格：

（1）中学生学科奥林匹克竞赛国家集训队成员，经所报考高校考核后决定是否具有保送生资格。

（2）符合教育部有关文件规定的部分外国语中学推荐的优秀学生可以保送，保送人数不得超过教育部规定的名额，所推荐的学生只可保送高校的外国语言文学类专业。

（3）符合国家体育总局、教育部等六部委印发的《关于进一步做好退役运动员就业安置工作的意见》（体人字〔2002〕411号）等有关规定的运动员，经国家体育总局资格审核并报教育部备案后，可以免试进入高校学习。

（4）符合公安部、教育部联合印发的《关于进一步加强和改进公安英烈和因公牺牲伤残公安民警子女教育优待工作的通知》（公政治〔2018〕27号）有关条款的考生，可以保送。符合《司法部办公厅 教育部办公厅关于监狱戒毒人民警察英烈和因公伤残监狱戒毒人民警察子女保送司法行政系统警察院校就读的通知》（司办通〔2024〕17号）有关条款的考生，可以保送。

高校招收保送生工作的一般步骤如下：

（1）考生在规定时间参加高考报名。

（2）高校发布招收保送生的简章。

（3）中学或考生将有关材料寄送有关高校。

（4）高校对学生进行资格审查、测试，确定拟录取名单，并将有关数据上报教育部"阳光高考"平台。

（5）江苏省教育考试院在规定时间内对拟录取保送生信息进行审核确认，公示拟录取名单，公示无异议后办理录取手续。

## 95. 什么是高职院校提前招生？报考高职院校提前招生有哪些要求及步骤？

**答：**高职院校提前招生是落实《国务院关于深化考试招生制度改革的实施意见》精神，建立分类考试、综合评价、多元录取的"职教高考"制度，完善以"文化素质＋职业技能"为主的多样化考试招生办法，促进现代职业教育体系建设的改革试点。一般工作步骤如下：

（1）考生在规定时间参加高考报名。

（2）试点院校制定招生简章，报省教育厅审核，审核通过后向社会公布。

（3）考生登录江苏省教育考试院网站进行网上报名。

（4）考生参加院校组织的考试或考核。

（5）院校依据考生合格性考试成绩，参考综合素质评价，结合校测结果、本校专业培养要求等多种指标，按照向社会公布的录取办法，综合评价，择优录取，并将拟录取考生数据上报江苏省教育考试院备案。

对于不符合院校招生简章规定的考生，院校一律不得录取。已被高职院校提前招生录取的考生，不再参加6月份的普通高校招生统一考试和任何其他形式的录取。如确需参加高考，须向高考报名地县（市、区）招生考试机构提出书面申请，经批准后方可参加，但不得再参加录取。

根据《省政府省军区印发关于进一步加强退役士兵安置工作实施意见的通知》(苏政发〔2013〕161号)精神,省内部分高职院校可采取单列计划、单独考核、单独录取的办法,开展单独招收退役士兵试点工作。符合高考报名条件的退役士兵,须填写《江苏省2024年高职院校提前招生退役士兵考生资格审核表》,经县(市、区)退役军人事务部门和院校审核后报江苏省教育考试院,并由江苏省教育考试院会同省退役军人事务部门共同审核。退役士兵考生的合格性考试成绩不作统一规定,录取要求由相关院校自主确定。

## 96. 什么是体育单招?报考体育单招有哪些要求及步骤?

**答:**体育单招是部分体育专业单独招生的简称,是指经教育部、国家体育总局批准的部分院校可以对运动训练、武术与民族传统体育专业实行单独招生。其报名条件为:遵守中华人民共和国宪法和法律;高中毕业或具有同等学力;参加江苏省2024年高考报名;具备《体育总局办公厅 教育部办公厅关于印发〈2024年普通高等学校运动训练、武术与民族传统体育专业招生管理办法〉的通知》(体科字〔2023〕188号)中所列项目之二级运动员(含)以上技术等级称号。

体育单招的工作步骤如下:

(1)考生在规定时间参加高考报名。

(2)考生依据各院校招生简章要求,统一在"中国运动文化教育网"或"体教联盟"APP进行注册并报名。

(3)体育单招考试包括文化考试和体育专项考试。2024年文化考试时间为3月30日至31日。专项考试分项目采用全国统考和分区统考方式,由国家体育总局委托有关院校组织实施。

（4）招生院校根据考生的文化考试和专项考试成绩,确定拟录取考生名单,江苏省教育考试院在规定时间完成备案。

凡被体育单招录取的考生,不得放弃录取资格,同时不再参加普通高考,也不再参加高校高水平运动队及高考各批次的录取。

## 97. 什么是残疾考生单独招生？哪些院校对残疾考生实行单独招生？

**答**：残疾考生单独招生是指经教育部批准的部分院校可以对聋哑人、盲人等残疾考生进行提前单独考试、录取。近年来单独招收残疾考生的院校有南京中医药大学、南京特殊教育师范学院、北京联合大学、滨州医学院、河南推拿职业学院、山东特殊教育职业学院、天津理工大学、西安美术学院、长春大学、浙江特殊教育职业学院、郑州工程技术学院、郑州师范学院、重庆师范大学等。报考残疾单招的考生须先参加高考报名,然后再根据招生院校要求参加院校组织的报名、考试。

## 98. 哪些院校可招收少年班（生）？

**答**：经教育部批准,近年来,中国科学技术大学、东南大学、西安交通大学和四川大学在江苏省招收少年班(生)。考生可登录院校招生网站查询报考条件。取得招生院校少年班(生)报考资格的考生,方可参加江苏省高考报名。

## 99. 什么是强基计划？有哪些高校开展强基计划试点？

**答**：强基计划也称基础学科招生改革试点,于2020年在有关高校开始实施，主要选拔有志于服务国家重大战略需求且综合素质优秀或基础学科拔尖的学生。重点在数学、物理、化学、生物、力学、基础医学、育种及历史、哲学、古文字学等相关专业招生。

试点高校包括北京大学、中国人民大学、清华大学、北京航空航天大学、北京理工大学、中国农业大学、北京师范大学、中央民族大学、南开大学、天津大学、大连理工大学、东北大学、吉林大学、哈尔滨工业大学、复旦大学、同济大学、上海交通大学、华东师范大学、南京大学、东南大学、浙江大学、中国科学技术大学、厦门大学、山东大学、中国海洋大学、武汉大学、华中科技大学、湖南大学、中南大学、中山大学、华南理工大学、四川大学、重庆大学、电子科技大学、西安交通大学、西北工业大学、西北农林科技大学、兰州大学、国防科技大学等39所高校。

### 100. 强基计划的招生程序是什么？

**答**：强基计划的一般招生程序如下：

（1）试点高校发布年度强基计划招生简章。

（2）符合报考条件的考生可在网上报名参加强基计划招生。

（3）所有考生参加统一高考。

（4）考生根据高校要求确认报考。

（5）各省级招生考试机构向有关高校提供报名考生高考成绩（不含高考加分）。

（6）高校依据考生的高考成绩，按在各省（区、市）强基计划招生名额的一定倍数确定参加学校考核的考生名单。

（7）高校组织考核。

（8）高校将考生高考成绩、高校综合考核结果及综合素质评价情况等按比例合成考生综合成绩(其中高考成绩所占比例不得低于85%),按招生简章公布的录取规则进行录取。

具体招生程序以高校公布的招生简章为准。

特别提醒:根据教育部规定,对于确认参加高校强基计划考核又无故放弃的考生,高校将通报生源省份考试招生机构并如实记入诚信档案。

## 101. 什么是综合评价招生改革试点?具体有哪些工作流程?

**答:**综合评价招生改革试点工作是落实立德树人根本任务的重要举措,是对"分类考试、综合评价、多元录取"考试招生模式的积极探索。江苏省开展普通高校综合评价招生改革试点工作的目的在于指导高校根据本校的办学特色,积极探索建立符合自身培养目标和要求的人才选拔标准,建立健全多位一体的人才选拔综合评价体系,综合考量考生高考文化分、高校考核结果、高中学业水平考试成绩、综合素质评价以及高校自身培养的特色要求等多个维度。

经批准,共有24所高校在江苏省进行综合评价招生改革试点。其中,A类高校12所:南京大学、东南大学、中国科学院大学、浙江大学、华南理工大学、北京外国语大学、上海科技大学、南方科技大学、上海纽约大学、昆山杜克大学、香港中文大学(深圳)、深圳北理莫斯科大学;B类高校12所:南京师范大学、南京信息工程大学、南京工业大学、南京邮电大学、南京医科大学、南京中医药大学、南京林业大学、江苏师范大学、南通大学、扬州大学、江苏大学、西交利物浦大学。一般工作流程如下:

（1）高校将招生简章报主管单位审核备案后向社会公布。江苏地方高校（除昆山杜克大学外）综合评价招生计划不超过本校年度本科招生计划总数的5%。

（2）符合高考及高校综合评价招生改革试点报名条件的考生，须按试点高校确定的报名时间和方式报名。

（3）试点高校按本校报名条件对申请考生提交的材料进行初审，并及时告知考生结果，同时在本校网站公示通过的考生名单。

（4）试点高校对考生进行考核，按照不超过综合评价招生计划数5倍的范围，择优确定入选考生名单。同时，将入选考生数据报江苏省教育考试院公示。考生所在中学和试点高校应分别在其网站进行不少于10个工作日的公示。

（5）入选考生志愿填报。

通过A类高校初审的考生，须在规定的截止时间前登录江苏省教育考试院高考综合业务信息管理系统考生服务平台，确认报考高校志愿及顺序。B类高校的入选考生，须在江苏省高考志愿填报的规定时间内，登录江苏省教育考试院高考志愿填报系统，在"综合评价招生"专栏中填报综合评价招生志愿，其专业志愿须在公示的专业中选择，否则视为无效志愿。高校专项计划、综合评价招生（B类高校）、高水平运动队3类志愿不得兼报；符合多项入选资格的考生，只能选择其一填报。在规定时间内，考生未确认或未填报上述两类综合评价招生志愿的，即视为放弃相应的综合评价招生资格。

（6）投档与录取。

对于经江苏省教育考试院公示无异议并确认或填报高校综合评价招生志愿的入选考生，将按以下规定进行投档录取：

① 考生的选择性考试科目，须符合高校提出的要求，方可报考相

关专业(类)。

② 考生的高考文化分不低于相应特殊类型招生控制线。其中：

凡被 A 类高校确定为入选范围的考生，江苏省教育考试院将在本科提前批次投档前，根据高校提供的入选考生排名和考生确认的志愿及顺序进行投档，由高校根据公布的录取规则决定是否录取以及录取的专业。被录取的考生不再参加其他任何批次的录取。

凡被 B 类高校确定为入选范围的考生，江苏省教育考试院将在本科提前批次录取后、本科批次投档前，根据考生所填志愿投档，由高校根据公布的录取规则择优录取。

（7）按综合评价招生方式录取的考生名单及相关信息将分别在录取高校及江苏省教育考试院进行公示。公示的考生信息应包括姓名、所在中学（或单位）、录取高校及专业等。

## 102. 为什么要开展重点高校招收农村和脱贫地区学生工作？重点高校招收农村和脱贫地区学生计划类型有哪些？

**答：** 为贯彻落实中共中央、国务院《关于加大改革创新力度加快农业现代化建设的若干意见》(中发〔2015〕1 号)、《国务院关于深化考试招生制度改革的实施意见》(国发〔2014〕35 号)，畅通农村和脱贫地区学子纵向流动渠道，进一步增加农村学生上重点高校的人数，在全国范围内开展重点高校招收农村和脱贫地区学生工作。

根据教育部文件规定，重点高校招收农村和脱贫地区学生计划分 3 类。第一类是国家专项计划，定向招收原贫困地区学生，由中央部门和各省（区、市）所属重点高校承担，实施区域为集中连片特殊困难县、国家级扶贫开发重点县以及新疆南疆四地州，招生范围不涉及江苏省;第二类是高校专项计划,主要招收边远、原贫困、民族等地区县(含县级市)以下高中勤奋好学、成绩优良的农村学生,由教育部直属高校和其他原开展自主招生试点高校承担,具体实施区域由有关省(区、市)确定;第三类是地方专项计划,定向招收各省(区、市)实施区域的农村学生,由各省(区、市)本地所属重点高校承担,实施区域、报考条件和招生办法由各省(区、市)确定。

## 103. 江苏省高校专项计划的实施区域有哪些？高校专项计划的报考条件和报考办法是什么？

**答**：江苏省 2024 年高校专项计划和地方专项计划的实施区域为：丰县、沛县、睢宁县、徐州市铜山区、徐州市贾汪区、新沂市、邳州市、淮安市淮安区、淮安市淮阴区、淮安市洪泽区、涟水县、盱眙县、滨海县、响水县、阜宁县、射阳县、灌云县、灌南县、连云港市赣榆区、东海县、沭阳县、泗阳县、泗洪县、宿迁市宿城区、宿迁市宿豫区、泰兴市、泰州市姜堰区、泰州市医药高新区(高港区)、泰州市海陵区、如皋市、海安市、句容市、丹阳市、镇江市丹徒区、镇江市润州区、常州市金坛区、溧阳市、南京市溧水区。

根据教育部规定,考生须同时具备下列 3 项基本条件：

（1）符合 2024 年统一高考报名条件。

（2）本人及父亲或母亲或法定监护人户籍地须在江苏省实施区域的农村地区,且本人具有当地连续 3 年以上户籍。

（3）本人具有户籍所在县(市、区)高中连续 3 年学籍并实际就读。

高校专项计划招生高校可在此基础上提出其他招考要求并在招生简章中明确。

考生在教育部"阳光高考"平台完成报名申请。各级招生考试机构会同有关部门对考生的户籍、学籍资格进行审核,高校负责审核考生申请材料,确定参加学校考核名单。

特别提醒:根据教育部规定,往年被专项计划(含高校专项计划和地方专项计划)录取后放弃入学资格或退学的考生,不再具有专项计划报考资格。

## 104. 江苏省地方专项计划的实施区域有哪些?考生如何报考地方专项计划?

**答:** 江苏省2024年地方专项计划的实施区域和基本报考条件与高校专项计划一致。符合条件的考生在本科提前批次填报志愿并参加本科提前批次录取,执行相应特殊类型招生控制线。

## 105. 为什么要开展农村订单定向医学生免费培养工作?哪些考生可以填报此类培养计划?

**答:** 为进一步加强江苏省基层卫生人才队伍建设,根据《关于进一步做好农村订单定向医学生免费培养工作的意见》(教高〔2015〕6号)和《关于开展农村订单定向医学生免费培养工作的通知》(苏卫科教〔2015〕21号)的有关要求,为农村基层医疗卫生机构(指乡镇卫生院、涉农街道社区卫生服务中心、村卫生室)培养适宜医学人才,2024年江苏省继续开展农村订单定向医学生免费培养工作。

农村订单定向医学生免费培养计划的培养对象为:在农村订单定向医学生免费培养计划的县(市、区)有户籍、本人志愿从事基层卫生工作、符合国家高考政策的考生。原则上只招收农村生源。录取的考生在入学前须与户籍所在县(市、区)卫生健康行政部门签订《定向就业协议书》，入学时凭录取通知书和签订的《定向就业协议书》办理入学手续。

具体培养院校及专业和有关政策以 2024 年相关文件为准。

### 106. 为什么要开展乡村教师定向培养工作？考生如何报考乡村教师定向培养计划？

**答：**根据《江苏省乡村教师支持计划实施办法》要求，江苏省从 2016 年起开展乡村教师定向培养工作。乡村教师定向培养工作旨在为全省乡村学校(指县级人民政府驻地以外的乡镇、涉农街道和村庄普通小学、幼儿园和中等职业学校)，培养一批扎根农村、甘于奉献、一专多能、素质全面的本土化的乡村教师，为促进全省教育均衡发展、实现省域教育总体现代化和振兴乡村提供坚强有力的师资保障。

乡村教师定向培养计划纳入普通高等学校年度招生管理，计划安排在本科提前批次，定向招生。户籍在有定向培养计划县(市、区)的考生，参加当年全国统一高考，可填报本县(市、区)乡村教师的定向志愿。招生时按志愿填报情况分县(市、区)择优录取。录取为乡村教师定向培养计划的师范生，在入学前与户籍所在县(市、区)教育局签订《定向就业协议书》。考生凭录取通知书和《定向就业协议书》办理入学手续。

具体培养院校及专业和有关政策以 2024 年相关文件为准。

### 107. 报考军队院校有哪些要求及步骤？

**答：**考生报考军队院校需要满足以下要求：

(1) 基本条件。年龄不低于 16 周岁、不超过 20 周岁(截至高考当年 8 月 31 日),未婚,参加今年普通高等学校招生全国统一考试的普通高中毕业生,且分数须达到特殊类型招生控制分数线。

(2) 政治条件。拥护四项基本原则,政治思想品质好,志愿为国防建设事业服务。

(3) 身体条件。高中阶段体质测试成绩及格以上,身体健康,且符合《军队院校招收学员体格检查标准》的要求。

考生报考军队院校的步骤如下:

(1) 政治考核。普通高级中学负责在高考结束后 5 日内,组织有报考军队院校意愿且符合相关条件的考生,认真如实填写《军队院校招收普通高中毕业生政治考核表》有关内容,并报送所在县(市、区)教育部门。教育部门于 6 月 15 日前报送所在县(市、区)人武部进行政治考核。

(2) 心理测试。成绩公布后,政治考核合格,且分数达到面试体检资格线的考生,携带相关证件、成绩单及个人证件照等,按通知参加心理检测。

(3) 面试体检。成绩公布后,分数达到面试体检资格线的考生,携带相关证件、成绩单和相关表格、照片等,按通知赴南京参加省军区组织的面试和体格检查。

(4) 填报志愿。填报志愿时,考生可先填报军队院校提前批次志愿,待体检结论公布后,再对照结论进行志愿修改确认。

具体政策以 2024 年相关文件为准。

## 108. 军队院校是如何进行录取的?

**答**:军队院校录取安排在本科提前批次进行。江苏省教育考试院对政治考核、心理检测、面试和体格检查合格,高考文化分达到规定分数线要求的考生,根据院校不同选科类别、不同体检标准和不同性别要求的招生计划数,按平行志愿1∶1比例向军队院校投档,军队院校按录取规则进行录取。

具体政策以2024年相关文件为准。

### 109. 报考公安类院校(专业)有哪些要求及步骤?如何填报公安类院校(专业)志愿?

**答:**(1)报名考生须符合公安部、教育部关于公安普通高等院校招生工作等文件规定的报考资格条件。

(2)报考公安类院校(专业)的步骤如下:

考生须参加高考报名并参加高考。高考结束后,考生在规定时间登录江苏省教育考试院门户网站,预填报公安院校意向志愿(录取时按成绩发布后实际填报的志愿为准)。高考成绩发布后,凡达到规定分数要求的考生,按省公安厅和相关院校的规定时间,自行前往指定的地点参加面试、体检、体能测评;在此期间,省公安厅组织各级公安机关对相关考生进行政治考察。在填报高考志愿时,有志报考公安类院校(专业)且符合相关条件的考生可填报相应志愿。凡高考文化分达到规定分数线且面试、体检、体能测评和政治考察合格的考生,由江苏省教育考试院按平行志愿投档原则和规定比例向院校投档,由院校择优录取。

特别提醒:各公安院校对考生报考还有具体要求,请考生注意查阅招生院校的招生章程。

(3)填报公安类院校(专业)的要求如下:

公安类院校(专业)实行提前录取,凡符合报考公安类院校(专业)

条件、立志从事公安工作,且高考文化分达到规定要求的考生,均可填报相应志愿。在本科提前批次,报考公安类院校(专业)的考生不得兼报提前批次的军事、航海、地方专项计划、乡村教师计划、其他院校和体育、艺术类院校。

具体政策以2024年相关文件为准。

### 110. 公安类院校(专业)如何进行面试、体检、体能测评?

**答:** 公安类院校(专业)的面试、体检、体能测评工作在高考成绩发布后,由省公安厅、有关招生院校组织进行。凡有志报考公安类院校(专业),且高考文化分达到规定要求的考生,在规定时间内到指定地点进行面试、体检和体能测评。

各公安类院校的面试、体检、体能测评标准和办法通过其招生章程或在面试点向考生和社会公布。

### 111. 公安类院校(专业)是如何进行录取的?

**答:** 公安类本科专业录取安排在提前批次。录取时,江苏省教育考试院对报考公安类院校专业组志愿,高考文化分符合相关要求且面试、体检、体能测评和政治考察合格的考生,分别按男女生招生计划数,在规定的调档比例内进行投档,由院校按招生章程中确定的录取规则择优录取。

### 112. 政法类院校与公安类院校招收的公安专业有何不同?

**答:** 政法类院校的公安专业是指:(1)中国政法大学、西南政法大学、中南财经政法大学、华东政法大学、西北政法大学的侦查学、治安学、边防管理和刑事科学技术等专业；(2)中央司法警官学院各专业。

政法类院校的公安专业，虽然和公安类院校在本科提前批次同时进行录取，但在视力等方面的要求与公安类院校有所不同，具体请参见教育部高校学生司、司法部法规教育司《关于印发〈中国政法大学、西南政法大学、中南财经政法大学、华东政法学院、西北政法学院和中央司法警官学院提前录取专业招生办法〉的通知》(教学司〔2003〕16号)和各院校招生章程。

### 113. 考生如何报考航海类专业？

**答**：航海类专业是指从事海上或水上作业技术的专业，如轮机工程、航海技术等。航海类本科专业实行提前录取，航海类专科专业纳入专科批次，录取志愿分别填报在本科提前批次和专科批次。航海类专业对考生的视力、身高、肝功能等身体状况均有要求，请参见院校招生章程。

### 114. 考生报考海军、空军飞行学员的基本条件是什么？

**答**：报考海军飞行学员须具备以下基本条件(具体要求按有关文件执行)：

(1)自然条件。普通高中应、往届毕业生，男性，理科生，高考改革省份考生须选考物理；具有参加2024年普通高等学校招生全国统一考试资格及海军开招地区学籍、户籍；年龄不低于17周岁、不超过20周岁(出生日期在2004年8月31日至2007年8月31日之间)。

(2) 政治条件。热爱党、热爱祖国、热爱人民、热爱社会主义；本人自愿、家长支持；本人及家庭主要成员政治历史清白，现实表现良好，未受刑事处罚，无严重违纪违法问题。

(3) 身体条件。身高在 165—185 cm 之间，体形匀称；体重在 52 kg 以上(未满 18 周岁体重在 50 kg 以上)，身体质量指数符合标准。用 C 字视力表检查，双眼裸眼远视力不低于 0.6(约为 E 字表 4.9)，无色盲、色弱、斜视。无口吃，无文身，听力、嗅觉正常。

(4) 心理品质条件。立志从军、向往飞行，具备积极的飞行动机；善于学习、思维敏捷，具备良好的认知能力；性格开朗、乐观向上，具备稳定的情绪特征；肢体协调、动作灵活，具备灵敏的应变反应；勇敢果断、适应性强，具备坚强的意志品质。

(5) 文化条件。高考成绩须达到规定要求；外语限英语。

报考空军飞行学员须具备以下基本条件(具体要求按有关文件执行)：

(1) 自然条件。普通高中应届、往届毕业生，招生性别以当年公布的简章为准，年龄不小于 17 周岁、不超过 20 周岁。

(2) 身体条件。身高在 165—185 cm 之间(未满 18 周岁可放宽至 164 cm)，体重不低于标准体重的 80%、不高于标准体重的 130%，标准体重(kg)=身高(cm)-110。双眼裸眼视力 C 字表均在 0.8 以上，未做过视力矫治手术，未佩戴过角膜塑形镜(OK 镜)，无色盲、色弱、斜视等。

(3) 政治条件。考生热爱祖国，热爱人民，热爱中国共产党，热爱人民军队。符合招飞政治考核标准条件，本人自愿，家长(监护人)支持。

(4) 心理品质条件。对飞行有较强的兴趣和愿望，思维敏捷、反应灵活、动作协调、学习能力强、性格开朗、情绪稳定、有敢为精神。

（5）文化条件。品学兼优，高考成绩达到特殊类型招生控制线。

## 115. 海军、空军飞行学员何时报名？有哪些要求及步骤？

**答：**海军、空军招收飞行学员的工作一般从上一年的9月份开始，由市、县（市、区）招生考试机构和有关中学进行宣传发动，考生可对照"招飞"基本条件，自愿报名。飞行学员年度招生工作分3个阶段进行。

第一阶段：宣传、报名、面试和初选阶段，一般在上一年的9—12月份进行。

第二阶段：初检阶段，进行身体条件等方面的初步检查及文化筛选考试。

第三阶段：全面检测和录取阶段，一般从当年的3月份开始至7月份结束。

主要有以下几个工作环节：① 进行招飞全面检测，包括身体条件、心理品质和政治条件审查；② 参加高考；③ 身体状况复检；④ 进行复查验收、录取。

## 116. 报考民航飞行学员的基本条件是什么？

**答：**近几年在江苏省招收民航飞行学员的院校主要有南京航空航天大学、中国民用航空飞行学院（四川广汉）、常州工学院、安阳工学院、烟台南山学院等。实际招收民航飞行学员的院校以当年度《江苏招生考试》（招生计划专刊）公布的为准。报考民航飞行学员的基本条件如下：

(1) 年龄16—20周岁，身体健康，符合民航招收飞行学员的身体条件自荐标准。

(2) 学习成绩良好，外语语种一般要求为英语。

(3) 符合民航招收飞行学员的背景调查要求。

### 117. 民航飞行学员何时报名？有哪些要求及步骤？

**答：** 民航飞行学员的报名时间一般从上一年度年底开始。符合基本条件的考生须按照院校规定的时间、地点参加院校的面试、体检和背景调查，参加高考并填报有关志愿。体检按《民用航空招收飞行学生体检鉴定规范》执行，背景调查按中国民航局颁布的《民用航空背景调查规定》执行。根据有关规定，招飞生源应优先满足军队需要，已报考空军或海军飞行学员且身体复检合格的考生，不得报考民航飞行学员。

关于报考民航飞行学员的具体要求，请咨询有关院校或登录院校网站查询。

### 118. 往年港澳地区有哪些院校在江苏省招生？考生如何报考？

**答：** 经教育部批准，近年来在江苏省招生的香港地区高等院校有香港大学、香港中文大学、香港城市大学、香港科技大学、香港浸会大学、香港教育学院、香港理工大学、岭南大学、香港公开大学、香港演艺学院、香港树仁大学、珠海学院、香港恒生大学、香港高等教育科技学院等高校。凡参加全国普通高校招生统一考试的考生均可报考。其中香港中文大学、香港城市大学两所高校纳入江苏省本科提前批次统一招生，考生可在江苏省第一阶段填报志愿时填报其志愿。其余香港高校的报名，考生直接在相关院校的网站上报名，截止时间以各高校网站公布的时间为准。

近年来在江苏省招生的澳门地区高等院校有澳门大学、澳门城市大学、澳门理工学院、澳门旅游大学、澳门科技大学、澳门镜湖护理学院等高校。凡参加高考的考生均可直接在澳门地区高校网站上报名（具体要求和安排以各高校网站公布的为准）。澳门地区高校实行单独招生录取，考生报考澳门地区高校不影响其参加江苏省统一招生各批次志愿的填报和录取。

报考上述香港、澳门地区高校的内地考生学业期满，获得高等学校颁发的学历、学位，国家教育主管部门予以承认。

# 九、艺术类招生

**119. 艺术类招生有哪些专业?**

**答:** 艺术类专业包括普通高等学校本科专业目录中"艺术学"门类下设各专业,以及职业教育专业目录中高等职业教育专科和本科专业"艺术设计类""表演艺术类"下设各专业和"民族文化艺术类""广播影视类"等部分专业。

按照招生录取时是否使用专业考试成绩,艺术类专业分为两类:一类是不组织专业考试的专业,包括艺术史论、艺术管理、非物质文化遗产保护、戏剧学、电影学、戏剧影视文学、广播电视编导、影视技术等,原则上安排在普通类专业相应批次,直接依据考生高考文化课成绩、参考考生综合素质评价,择优录取;另一类是可组织专业考试的专业,包括音乐类、舞蹈类、表(导)演类、播音与主持类、美术与设计类、书法类、戏曲类。根据教育部规定,有关高校也可根据人才培养实际对考生专业考试成绩不作要求。

艺术类本科专业主要包括以下几个类别:

(1) 艺术学理论类:艺术史论、艺术管理、非物质文化遗产保护等。

(2) 音乐与舞蹈学类:音乐表演、音乐学、作曲与作曲技术理论、舞蹈表演、舞蹈学、舞蹈编导、舞蹈教育、航空服务艺术与管理、流行音乐、音乐治疗、流行舞蹈、音乐教育、冰雪舞蹈表演等。

(3) 戏剧与影视学类:表演、戏剧学、电影学、戏剧影视文学、广播电视编导、戏剧影视导演、戏剧影视美术设计、录音艺术、播音与主持艺术、动画、影视摄影与制作、影视技术、戏剧教育、曲艺、音乐剧等。

（4）美术学类：美术学、绘画、雕塑、摄影、书法学、中国画、实验艺术、跨媒体艺术、文物保护与修复、漫画、纤维艺术、科技艺术、美术教育等。

（5）设计学类：艺术设计学、视觉传达设计、环境设计、产品设计、服装与服饰设计、公共艺术、工艺美术、数字媒体艺术、艺术与科技、陶瓷艺术设计、新媒体艺术、包装设计、珠宝首饰设计与工艺等。

## 120. 艺术类专业的报考条件是什么？

**答：** 凡符合普通高校招生报考条件，且具有一定艺术专长者均可报考艺术类专业。

## 121. 艺术类专业招生考试由哪两个部分组成？

**答：** 普通高校艺术类专业招生考试由文化考试和艺术类专业考试两部分组成。

江苏省普通高校招生统一考试实行"3+1+2"模式，包括语文、数学、外语3门全国统考科目以及考生选择的3门选择性考试科目。选择性考试科目包括思想政治、历史、地理、物理、化学、生物6门，考生首先在物理、历史2门科目中选择1门，再从思想政治、地理、化学、生物4门科目中选择2门。

文化考试总分值为750分。语文、数学、外语3门科目以每门150分计入总分，其中，外语科目含听力考试30分。选择性考试科目每门均为100分，其中，物理、历史科目以原始分计入总分，其余科目以等级分计入总分。考生的合格性考试科目成绩合格，方可参加该科目的选择性考试。

艺术类专业考试分为全省统一组织的专业考试（以下简称"省统考"）、院校自行组织的专业考试（以下简称"校考"）以及戏曲类本科专业省际联考（以下简称"戏曲类省际联考"）三种形式。

## 122. 艺术类专业省统考、校考以及戏曲类省际联考有什么区别？

**答：**艺术类专业省统考采取全省统一命题、统一考试、统一评分的形式。其成绩适用于使用省统考成绩录取的院校（专业），以及要求专业省统考成绩和校考成绩"双合格"的院校（专业）。

校考由相关招生院校自行组织专业考试，其成绩只适用相关校考合格院校（专业）。

戏曲类省际联考由有关省级教育行政部门、招生考试机构、戏曲类本科专业招生院校共同组织实施，考试成绩用于戏曲类专业的招生录取。戏曲类本科专业实行省际联考后，招生院校不再组织其他考试。戏曲类专科专业不再单独组织省际联考，由招生院校自行选择对应到戏曲类省际联考或省统考相应类别，并及时向考生公布。

## 123. 哪些艺术类专业实行省统考？

**答：**从 2024 年起，江苏省开设音乐、舞蹈、表（导）演、播音与主持、美术与设计和书法等 6 类省统考。其中，音乐类分音乐表演、音乐教育 2 个方向，表（导）演类分戏剧影视表演、服装表演、戏剧影视导演 3 个方向。省统考的考试科目、分值、形式等详见江苏省教育考试院门户网站公布的《江苏省普通高等学校艺术类专业省统考考试说明（试行）》（以下简称《考试说明》）。

各类省统考涵盖本科专业范围如下：

（1）音乐类。

① 音乐表演方向涵盖专业：音乐表演、流行音乐。

② 音乐教育方向涵盖专业：作曲与作曲技术理论、音乐治疗、音乐教育、录音艺术。

③ 音乐学专业由高校根据人才培养需要，自行选择对应到音乐表演方向或音乐教育方向。

（2）舞蹈类。

舞蹈类涵盖专业：舞蹈表演、舞蹈学、舞蹈编导、舞蹈教育、航空服务艺术与管理、流行舞蹈。

（3）表（导）演类。

① 戏剧影视表演方向涵盖专业：表演（戏剧影视表演）、戏剧教育、曲艺、音乐剧。

② 服装表演方向涵盖专业：表演（服装表演）。

③ 戏剧影视导演方向涵盖专业：戏剧影视导演。

（4）播音与主持类。

播音与主持类涵盖专业：播音与主持艺术。

（5）美术与设计类。

美术与设计类涵盖专业：美术学、绘画、雕塑、摄影、中国画、实验艺术、跨媒体艺术、文物保护与修复、漫画、纤维艺术、科技艺术、美术教育、艺术设计学、视觉传达设计、环境设计、产品设计、服装与服饰设计、公共艺术、工艺美术、数字媒体艺术、艺术与科技、陶瓷艺术设计、新媒体艺术、包装设计、珠宝首饰设计与工艺、戏剧影视美术设计、动画、影视摄影与制作。

（6）书法类。

书法类涵盖专业：书法学。

有关说明：

① 对于航空服务艺术与管理、曲艺、音乐剧、科技艺术、数字媒体艺术、艺术与科技、新媒体艺术等交叉融合专业，相关招生高校可对应该专业所在省统考类别，也可根据人才培养需要，跨类别确定该专业与其他省统考类别的对应关系，由招生高校确定并向社会公布。考生如需报考，请咨询有关高校。具体招生专业以在江苏省公布的招生计划为准。

② 各类省统考涵盖专业范围将根据教育部普通高等学校本科专业设置和调整情况进行更新。

③ 艺术类高职（专科）专业参照执行。

### 124. 哪些艺术类专业实行校考？

答：自 2024 年起，仅少数经批准的院校和专业可组织校考。艺术类专业校考资格名单由各省教育行政部门、招生考试机构或招生院校公布，请考生保持关注。

南京艺术学院的音乐剧、舞蹈表演、舞蹈学、舞蹈编导、音乐表演、作曲与作曲技术理论、音乐教育、播音与主持艺术、流行音乐等 9 个专业，可组织校考。

### 125. 哪些艺术类专业实行戏曲类省际联考？

答：实行省际联考的戏曲类本科专业包括音乐表演（戏曲音乐）、作曲与作曲技术理论（戏曲音乐）、表演（戏曲表演）、戏剧影视导演（戏曲导演）等。

戏曲类专科专业不再单独组织省际联考，由招生院校自行选择对应到戏曲类省际联考或省统考相应类别，并及时向考生公布。

## 126. 考生报考哪些专业须同时参加校考和省统考，且成绩合格（即"双合格"）？

**答：**凡报考有关院校艺术类专业校考的考生，须根据江苏省及招生院校的要求，参加相关专业省统考且省统考成绩合格，方能按招生院校的录取规则参加录取。省统考涵盖专业范围详见《关于公布2024年江苏省普通高校招生艺术类专业省统考涵盖专业范围的通知》（苏教考招〔2023〕1号）。考生可及时关注有关招生院校招生网站，如有疑问，可向招生院校咨询。

## 127. 艺术类专业考试的报名时间、地点和办法如何？

**答：**报考艺术类专业的考生均须参加普通高校招生全国统一考试，其报名办法与普通类考生相同。高考报名时，考生须选择艺术类作为报考科类，并选报专业考试类别。完成高考报名后，分类别进行专业考试的报名、信息确认和缴费。

（1）省统考。省统考的报名工作由全省统一组织，与高考报名同步进行。从2024年起，江苏省开设音乐、舞蹈、表（导）演、播音与主持、美术与设计和书法等6类省统考，考生可报考上述1类或多类。报考省统考的考生须于2023年11月1日至7日按照报考类别分别进行省统考专业考试报考信息确认和缴费，截止时间为11月7日17时。考生完成网上支付后，须返回系统查询缴费状态，当缴费状态为"已支付"时，方可打印专业考试信息确认表。

(2) 校考。校考的报名时间、地点和要求由招生院校确定，考生根据招生院校的要求完成报名手续。报考有关院校艺术类专业校考的考生，须根据江苏省及招生院校的要求，参加相关专业省统考且省统考成绩合格，方能按招生院校的录取规则参加录取。

(3) 戏曲类省际联考。报考戏曲类省际联考的考生，在高考报名时须选择"戏曲类省际联考"，高考报名结束后按照组考院校要求参加报名和考试。

## 128. 艺术类专业省统考的考点是怎样安排的？考生如何获知相关考试信息？

**答：** 艺术类专业省统考笔试科目考试由各设区市招生考试机构组织实施，考生到高考报名所在设区市招生考试机构指定的考点参加考试；音乐类面试考点设在南京师范大学，舞蹈类、表（导）演类面试考点设在南京艺术学院，播音与主持类面试考点设在河海大学。具体考试地点见准考证。

考生可及时关注江苏省教育考试院门户网站或"江苏招生考试"微信公众号发布的有关信息。

## 129. 音乐类专业省统考有哪些注意事项？

**答：** 音乐类专业省统考分音乐表演、音乐教育两个方向。其中音乐表演方向仅设主项（声乐或器乐），无副项；音乐教育方向设主项（声乐或器乐）和副项（器乐或声乐），主项和副项须不同。报名时，考生可兼报音乐表演和音乐教育两个方向。兼报音乐表演和音乐教育的考生，其两个方向的主项须相同，相同考试科目只考1次，考试成绩互认(按相应的分值比例折算)。报考方向和主项一经选定,不得修改。

音乐表演方向考试包括乐理、听写、视唱、主项(声乐、器乐各选其一)4个科目。音乐教育方向考试包括乐理、听写、视唱、主项(声乐、器乐各选其一)、副项(声乐、器乐各选其一)5个科目。

(1) 乐理、听写两个科目合卷,采取笔试方式,考试总时长为90分钟。

(2) 视唱:采用固定唱名法。考试系统随机抽取试题,考生看到试题后练习30秒,考试正式开始前提供标准音$a^1$,考生听到标准音后在120秒内一遍完成视唱。视唱过程中无任何音响提示。

(3) 器乐:考生报考时填报2首作品,考试时随机抽取1首演奏,总时长不超过8分钟。所有乐器不得使用任何伴奏(包括自动伴奏)。中西打击乐专业原则上要求演奏两种不同打击乐器的作品各1首,其中一种为音高类打击乐器(马林巴、木琴、钢片琴、钟琴、颤音琴、定音鼓)。

考生须准确、翔实填报曲目信息,具体包括曲名(外国作品须填写中文和英文名称)、曲作者、作品编号(如没有则填"无")和乐器名称(通过下拉列表选择,如考生使用的乐器不在列表中,可及时向报名点反映)。考生不得填报名称不同但实际内容相同的曲目,否则视为无效。

(4) 声乐:声乐科目清唱,不可使用伴奏。考生报考时填报2首不同作品,考试时随机抽取1首演唱,总时长不超过6分钟(如选择歌剧咏叹调须按原调演唱)。考场统一提供钢琴。考试前,考生可自行使用钢琴找音(辅助定调),限时10秒。考试开始后,考生不得再触碰钢琴。

考生须准确、翔实填报曲目信息,具体包括曲名(外国作品须填写中文和英文名称)、曲作者、曲调号、曲属性、词作者或译者。考生不得填报名称不同但实际内容相同的曲目,否则视为无效。

## 130. 舞蹈类专业省统考有哪些注意事项?

**答:** 舞蹈类专业省统考考试包括舞蹈基本功、舞蹈表演、舞蹈即兴3个科目。报名时,考生可在中国舞、芭蕾舞、国际标准舞、现代舞和流行舞5个舞种方向中选择1种填报。所有科目考试均为单人分科目进行,不允许携带舞伴。考试科目顺序为舞蹈表演、舞蹈基本功和舞蹈即兴。

(1) 舞蹈表演:考试内容为自备剧目(或组合)表演,舞种不限,时长不超过2分钟。考试要求自备剧目(或组合)应与报考的舞种方向(中国舞、芭蕾舞、国际标准舞、现代舞和流行舞)一致。着自备剧目(或组合)需要的练习服装,可使用相关道具;不可化妆,伴奏音乐自备。伴奏音乐格式为MP3,使用U盘存储,考生可携带一个备用U盘。U盘中仅可存储一首伴奏音乐,不得存储其他文件。如因U盘损坏、文件格式错误等原因影响播放,由考生本人负责。

(2) 舞蹈基本功:考试内容包括两个方面。一是测试身体条件,包括整体外形(全身正面、侧面、背面与上半身正面)和软开度(搬控前旁后腿、下腰);二是测试技术技巧,包括规定内容(平转、四位转、凌空跃)和自选内容(所有舞种方向的考生可在中国舞、芭蕾舞和流行舞中任选一个技术技巧体系进行测试,同一体系下至少包含不同类的3个单项技术技巧,时长不超过1分钟)。技术技巧参考目录详见《考试说明》。考生须在3类单项技术技巧中至少各选1个动作(选择芭蕾舞的男生应在旋转类和跳跃类中至少各选1个动作),动作总数不少于3个。

考试要求女生盘头,着吊带紧身练功衣、浅色裤袜和软底练功鞋(或足尖鞋);男生着紧身短袖、紧身裤和软底练功鞋。不可化妆,无音乐。

(3)舞蹈即兴:考试内容为依据现场随机抽取的音乐进行即兴表演,舞种不限,时长1分钟。考试要求着舞蹈练功服,不可化妆。考试开始前,考生可试听音乐,限时15秒。

## 131. 表(导)演类专业省统考有哪些注意事项?

**答:** 表(导)演类专业省统考分为戏剧影视表演、服装表演和戏剧影视导演3个方向。报名时,考生可兼报戏剧影视表演、服装表演、戏剧影视导演方向。兼报戏剧影视表演和戏剧影视导演的考生,相同考试科目只考1次,考试成绩互认(按相应的分值比例折算)。报考方向一经选定,不得修改。

戏剧影视表演方向考试包括文学作品朗诵、自选曲目演唱、形体技能展现、命题即兴表演4个科目。服装表演方向考试包括形体形象观测、台步展示、才艺展示3个科目。戏剧影视导演方向考试包括文学作品朗诵、命题即兴表演、叙事性作品写作3个科目。

(1)文学作品朗诵:考生朗诵自选文学作品(现代诗歌、叙事性散文、小说节选、戏剧独白等)一篇,时长不超过3分钟;考生须以普通话脱稿朗诵。

(2)自选曲目演唱:考生演唱自选曲目(歌剧、音乐剧、民歌、流行歌曲等)一首,时长不超过2分钟;考生须无伴奏进行演唱。

（3）形体技能展现：考生自选形体动作（舞蹈、武术、戏曲身段、艺术体操、广播体操等）一段，时长不超过 2 分钟；形体服装及伴奏音乐自备。伴奏音乐格式为 MP3，使用 U 盘存储，考生可携带一个备用 U 盘。U 盘中仅可存储一首伴奏音乐，不得存储其他文件。如因 U 盘损坏、文件格式错误等原因影响播放，由考生本人负责。

（4）命题即兴表演：考试形式为单人，现场抽取考题，稍做准备后（准备时长不超过半分钟）进行考试，每人时长不超过 3 分钟。

文学作品朗诵、命题即兴表演两个科目为一个考试时间单元，自选曲目演唱、形体技能展现两个科目为一个考试时间单元。在每个考试时间单元，考生须按序完成两个科目的考试，方可离开考场。

（5）形体形象观测：考生先完成形体测量（测量方法与要求见《考试说明》），然后 5—10 人一组进行正面、侧面、背面体态展示。要求赤足、着泳装，其中女生着纯色、分体、不带裙边泳装，男生着纯色泳裤。

（6）台步展示：5—10 位考生为一组，按序进行台步展示；考生完成行走、转身、造型等台步展示过程，自备服装须大方得体，女生须穿高跟鞋（无防水台）。台步展示时，考试系统随机播放背景音乐。

（7）才艺展示：考生先以普通话自我介绍，不可透露姓名等个人基本信息，时长不超过 1 分钟；然后从舞蹈、健美操、艺术体操等体现肢体动作的才艺中自选一种进行展示，时长不超过 2 分钟，服装及伴奏音乐自备。伴奏音乐格式为 MP3，使用 U 盘存储，考生可携带一个备用 U 盘。U 盘中仅可存储一首伴奏音乐，不得存储其他文件。如因 U 盘损坏、文件格式错误等原因影响播放，由考生本人负责。

服装表演方向各科目考试中，考生不可化妆，不得穿丝袜，不得佩戴饰品及美瞳类隐形眼镜，发式须前不遮额、后不及肩、侧不掩耳。

（8）叙事性作品写作：考生根据给定命题进行写作，叙事散文、短故事、微小说、微剧等均可;不少于1200字;考试时长150分钟。

**132. 播音与主持类专业省统考有哪些注意事项?**

**答:**播音与主持类专业省统考考试包括作品朗读、新闻播报、话题评述3个科目。

(1)作品朗读:考试形式为现场抽取试题,单人单场面试,时长不超过2分钟。

(2)新闻播报:考试形式为现场抽取试题,单人单场面试,时长不超过1分钟。

(3)话题评述:考试形式为现场抽取试题,单人单场面试,脱稿评述,时长不超过2分钟。

考生3个科目的备稿总时长控制在10分钟以内,不得使用笔和纸。考生不得出现可能影响客观评判的化妆、遮挡面部、佩戴饰品等行为。考试过程中不得使用辅助工具,如道具、音乐播放器等。

**133. 美术与设计类专业省统考有哪些注意事项?**

**答:**美术与设计类专业省统考包括素描、色彩、速写(综合能力)3个科目。

(1)素描:考试内容为人物头像、石膏像、静物;考试形式为写生、根据图片资料模拟写生、默写。考试时长为180分钟。试卷用纸为八开画纸(考点提供),绘画工具为铅笔或炭笔(考生自备)。

(2)色彩:考试内容为人物头像、静物、风景、图案。考试形式为人物头像、静物、风景写生;根据文字描述进行默写;根据黑白图片画彩色绘画;根据线描稿画彩色绘画。考试时长为180分钟。试卷用纸为四开画纸(考点提供),绘画工具为水彩、水粉、丙烯颜料(考生自备)。

(3)速写(综合能力):考试内容为结合高中美术必修课《美术鉴赏》中的内容,根据命题进行创作;考试形式为根据试卷的文字要求完成命题创作;根据试卷所提供的图像素材,按要求完成命题创作。考试时长为120分钟。试卷用纸为八开画纸(考点提供),绘画工具及材料为铅笔、炭笔、钢笔、签字笔、马克笔、蜡笔、彩色铅笔(考生自备)。

### 134. 书法类专业省统考有哪些注意事项?

**答**:书法类专业省统考考试包括书法临摹、书法创作两个科目。作品一律为竖式,直行书写,即从上到下、从右往左。

(1)书法临摹:考试内容为对照两种不同字体范本进行临摹(30字左右)。考试形式为笔试。考试时长为90分钟。在不增减字数、不改变文字顺序、保持竖式和直行书写(从上到下、从右往左)的前提下,可自行安排作品的章法布局。答卷用纸为四尺三开半生半熟宣纸四张(含草稿纸两张)。

(2)书法创作:考试内容为以篆书完成命题创作;从楷书、隶书、行书中任选一种字体完成命题创作(30字左右)。考试形式为笔试。考试时长为90分钟。作品一律为竖式,直行书写(从上到下、从右往左)。不提供印刷体篆字。答卷用纸为四尺三开半生半熟宣纸四张(含草稿纸两张)。

书法临摹和书法创作答卷不得落款与钤印,不得做标记、画界格。毛笔、墨汁、砚台、毛毡等考试用具均由考生自备。禁止将纸张、书法工具书带入考场。

### 135. 艺术类专业省统考成绩如何公布？

**答：**所有科目评分工作结束后，将一并公布各类专业省统考成绩，考生可通过江苏省教育考试院门户网站或高考综合业务信息管理系统考生服务平台查询自己的成绩，打印《成绩通知单》。

《成绩通知单》的内容包括考生号、姓名、各科目成绩、总分以及总分在同类型考生中的排名。各科目成绩四舍五入，保留 2 位小数，总分四舍五入取整。

### 136. 艺术类专业校考是如何进行的？有哪些注意事项？

**答：**艺术类专业校考由相关招生院校自行组织，考生须按照招生院校要求参加报名和考试。专业校考考试成绩信息由招生院校通知考生。如考生对成绩有疑问，须及时向相关招生院校核实情况。考生也可在志愿填报前登录江苏省教育考试院网站查询本人校考合格信息。

2024 年起，不再跨省设置校考考点，所有院校艺术类专业校考工作均在学校所在地组织。

报考有关院校艺术类专业校考的考生，须根据江苏省及招生院校的要求，参加相关专业省统考且省统考成绩合格，方能按招生院校的录取规则参加录取。

### 137. 戏曲类省际联考是如何进行的？有哪些注意事项？

**答：**戏曲类省际联考由有关省级教育行政部门、招生考试机构、戏曲类本科专业招生院校共同组织实施。江苏省不承担戏曲类省际联考组考工作，考生可及时关注招生院校和组考院校发布的有关信息。如有疑问,可及时向有关院校咨询。

### 138. 对艺术类考生的学业水平考试科目和成绩有何要求?

**答:** 普通高中学业水平考试分为合格性考试和选择性考试。合格性考试成绩是高中学生毕业、高中同等学力认定的重要依据;选择性考试是高校招生录取的组成部分,其成绩纳入统一高考总分。考生的合格性考试科目成绩合格,方可参加该科目的选择性考试。

### 139. 艺术类省录取控制分数线如何划定?

**答:** 艺术类本、专科录取控制分数线按照艺术类(历史等科目类)、艺术类(物理等科目类)以及不同专业类别本科和专科层次招生计划的一定比例,并结合考生文化分、专业分等因素分别划定。其中,艺术类校考专业的高考文化成绩要求按教育部有关要求执行。

### 140. 艺术类专业的录取批次如何划分?志愿如何设置?

**答:** 录取工作分批次依次进行,录取批次设置为本科提前批次和专科批次,其中,艺术类提前录取本科院校分2个小批依次录取。

第1小批:使用校考成绩或戏曲类省际联考成绩录取的省内外高校的艺术类本科专业。

第2小批:使用省统考成绩录取的省内外高校的艺术类本科专业。

艺术类专科院校在普通类本科录取结束后、专科批量投档前完成录取。

艺术类设置传统(顺序)志愿、平行志愿两种方式。本科提前批次中,第1小批实行传统(顺序)志愿,第2小批实行平行志愿。专科批次中,使用戏曲类省际联考成绩录取的专业实行传统(顺序)志愿,使用省统考成绩录取的专业实行平行志愿,填报专科批次志愿的艺术类考生只能在传统(顺序)志愿或平行志愿中选择其一填报。传统(顺序)志愿设置1个院校专业组志愿,平行志愿设置20个院校专业组志愿。每个院校专业组志愿设置4个专业志愿和1个专业服从调剂志愿。

艺术类本科提前批次第2小批和专科批次志愿录取结束后,各设置一次征求志愿,征求志愿设置与相应批次志愿设置一致。艺术类本科提前批次第1小批不设置征求志愿。考生填报专科批次征求志愿时,只能在传统(顺序)志愿或平行志愿中选择其一填报。

### 141. 考生如何填报艺术类志愿?

**答:** 考生应根据自己的高考文化分、专业考试方式(省统考、校考或戏曲类省际联考)与专业分、各批次省录取控制分数线以及考生本人的体检结论等情况,慎重选择,准确、合理地填报艺术类志愿。

参加专业省统考且成绩达到规定要求的考生,可以填报使用省统考成绩录取高校的志愿;参加专业校考且成绩合格的考生,可以填报取得校考合格高校的志愿,其专业成绩只适用于相关校考合格的高校;参加戏曲类省际联考且成绩合格的考生,可以填报相关高校戏曲类专业志愿,其专业成绩只适用于相应专业或剧种(方向)。艺术类考生不得兼报提前批次普通类、体育类、定向培养军士的志愿;对艺术类使用专业省统考成绩录取的音乐类、舞蹈类、表(导)演类、播音与主类、美术与设计类以及书法类 6 类专业,考生只能选择其中一类填报;音乐类的音乐表演与音乐教育两个方向可以兼报;表(导)演类的戏剧影视表演、服装表演、戏剧影视导演 3 个方向可以兼报。

### 142. 考生如何填报艺术类征求志愿?

答:艺术类本科提前批次第 2 小批和专科批次志愿录取结束后,各设置一次征求志愿,征求志愿设置与相应批次志愿设置一致。艺术类本科提前批次第 1 小批不设置征求志愿。考生填报专科批次征求志愿时,只能在传统(顺序)志愿或平行志愿中选择其一填报。

江苏省教育考试院将及时公布未完成招生计划的院校专业组、专业(类)及计划数,未被录取的考生在规定的时间内自行上网填报征求志愿。

### 143. 考生填报艺术类志愿必须了解哪些信息?还需要参考哪些资料?

答:考生应了解的信息和参考的资料有:江苏省当年的艺术类专业招生有关规定、各批次省录取控制分数线、院校招生计划、院校招生章程、院校录取规则和要求、本人的高考文化分、专业考试方式(省统考、校考或戏曲类省际联考)及专业分、考生本人的体检结论等情况。

### 144. 艺术类考生可以兼报普通类专业吗?

答:艺术类考生可以兼报普通类专业,但需要注意几种不能同时填报的情况:本科提前批次的普通类各类院校(专业)、体育类提前录取本科院校、艺术类提前录取本科院校等均不能同时填报；专科批次的定向培养军士计划与体育类、艺术类不能同时填报；对艺术类使用专业省统考成绩录取的音乐类、舞蹈类、表（导）演类、播音与主持类、美术与设计类以及书法类 6 类专业，考生只能选择其中一类填报。音乐类的音乐表演与音乐教育两个方向可以兼报；表（导）演类的戏剧影视表演、服装表演、戏剧影视导演 3 个方向可以兼报。

### 145. 江苏省对艺术类专业的投档办法主要有哪几种？

**答：**根据专业考试方式的不同，分别采取不同的投档规则。使用专业省统考成绩录取的院校专业，按平行志愿的投档规则投档；使用校考成绩或戏曲类省际联考成绩录取的院校专业，按传统（顺序）志愿的投档规则投档。

平行志愿投档原则：对于高考文化分和专业分均达到相应录取控制分数线的考生，按照"按分排序，遵循志愿"的原则进行投档。考生的投档分由高考文化分和专业分按一定比例构成。当投档分相同时，依次按高考文化分、语文数学两科成绩之和、语文或数学单科最高成绩、外语单科成绩、首选科目单科成绩、再选科目单科最高成绩由高到低排序投档；如仍相同，比较考生志愿顺序，顺序在前者优先投档，志愿顺序相同则全部投档。

对兼报音乐表演和音乐教育方向或兼报戏剧影视表演、服装表演、戏剧影视导演方向的考生，根据其报考的院校专业组所属方向，分别计算投档分，按照平行志愿投档原则投档。

（1）使用省统考成绩录取的院校专业。

音乐类、舞蹈类、表（导）演类：投档分＝[（高考文化分÷文化满分)×0.5+(专业分÷专业满分)×0.5]×750,结果四舍五入取整。

美术与设计类、书法类:投档分=[(高考文化分÷文化满分)×0.6+(专业分÷专业满分)×0.4]×750,结果四舍五入取整。

播音与主持类:投档分=[(高考文化分÷文化满分)×0.7+(专业分÷专业满分)×0.3]×750,结果四舍五入取整。

(2) 使用校考成绩录取的院校专业。

使用校考成绩录取的院校专业,对填报了校考批次志愿且高考文化课成绩符合条件、省统考成绩合格且达到院校划定的最低成绩要求、校考合格的考生,按照院校要求投档。

对于在相关专业领域具有突出才能和表现的考生,高校可探索制定高考文化课成绩破格录取办法。破格录取办法须经学校党委常委会审议并报所在地省级教育行政部门备案,提前在学校考试招生办法中向社会公布。破格录取考生名单须经学校招生工作领导小组审议并报生源所在地省级高校招生委员会核准后在学校招生网站公示。

(3) 使用戏曲类省际联考成绩录取的院校专业。

使用戏曲类省际联考成绩录取的院校专业,对高考文化课成绩达到江苏省戏曲类专业高考文化课录取控制分数线、戏曲类省际联考合格的考生,按照院校要求投档。

## 146. 艺术类征求志愿如何投档?

**答:**依据考生填报的征求志愿是传统(顺序)志愿,还是平行志愿,分别按传统(顺序)志愿和平行志愿的投档规则投档。

**147. 考生如何查阅和了解艺术类专业招生考试相关信息？**

**答**：考生可通过江苏省教育考试院门户网站、《江苏招生考试》（招生计划专刊）、相关招生院校的网站查阅和了解教育部、江苏省和有关招生高校的招生政策、规定、专业报名和考试等相关信息。

**148. 艺术类专业招生考试工作日程如何安排？**

**答**：2024年江苏省艺术类专业招生考试工作日程大致安排如下：

| 时　间 | 步　骤 |
| --- | --- |
| 2023年11月1日—4日 | 考生参加全省高考报名，同时选择艺术类专业考试方向 |
| 2023年11月1日—7日 | 参加艺术类专业省统考的考生网上确认专业考试信息、网上支付报名考试费、网上打印专业考试信息确认表 |
| 2023年12月 | 报考专业省统考的考生到对应的考点参加考试 |
| 2024年1月—3月 | 报考专业校考、戏曲类省际联考的考生按有关院校要求参加考试 |
| 2024年6月7日—9日 | 考生参加全国普通高考（含学业水平选择性考试科目） |

# 十、体育类招生

### 149. 体育类专业主要有哪些？

**答：** 体育类专业包括普通高等学校本科专业目录中教育学门类下设体育学类中包含的部分专业，以及职业教育专业目录中教育与体育大类下设教育类和体育类中包含的部分专业。

其中，本科专业主要包括体育教育、运动训练、社会体育指导与管理、武术与民族传统体育、运动人体科学、运动康复、休闲体育、体能训练、冰雪运动、电子竞技运动与管理、智能体育工程、体育旅游、运动能力开发等专业。

### 150. 体育类专业招生与体育单招有何区别？

**答：** 报考普通高校体育类专业的考生必须参加江苏省教育考试院组织的体育类专业省统考和全国文化统考。

经教育部批准，有关院校的体育单招可以实行提前单独招生。考生符合规定的报考条件，须参加高考报名和体育单招报名，参加国家体育总局统一组织的文化考试和专项考试。对于专项考试合格、文化成绩达到学校划定的录取最低控制分数线的考生，招生院校将按向社会公布的录取办法择优录取。已被体育单招录取的考生，不得放弃录取资格，同时不再参加普通高考及高校高水平运动队的录取。

### 151. 体育类专业的报考条件是什么？

**答：** 凡符合普通高校招生报考条件，且具有一定体育专长者均可报考体育类专业。

## 152. 体育类专业招生考试由哪两个部分组成？

**答：** 体育类专业招生考试由文化考试和体育类专业考试两部分组成。

江苏省普通高校招生统一考试实行"3+1+2"模式，包括语文、数学、外语3门全国统考科目以及考生选择的3门选择性考试科目。选择性考试科目包括思想政治、历史、地理、物理、化学、生物6门，考生首先在物理、历史2门科目中选择1门，再从思想政治、地理、化学、生物4门科目中选择2门。

文化考试总分值为750分。语文、数学、外语3门科目以每门150分计入总分，其中，外语科目含听力考试30分。选择性考试科目每门均为100分，其中，物理、历史科目以原始分计入总分，其余科目以等级分计入总分。考生的合格性考试科目成绩合格，方可参加该科目的选择性考试。

江苏省对体育类专业实行全省统一专业考试（以下简称"专业省统考"）。

## 153. 需要参加体育类专业省统考的体育类专业有哪些？

**答：** 凡报考招生计划公布在体育类计划中的院校和专业的考生，都必须参加江苏省教育考试院组织的体育类专业省统考、全国文化统考及学业水平考试，文化分和专业分均达到江苏省教育考试院公布的体育类省录取控制分数线方具备录取资格。

此外，凡报考招生计划公布在普通类计划中的院校和专业，考生不需要参加体育类专业省统考,只需要参加当年的全国文化统考,但要求考生具有一定的体育运动基础。

## 154. 体育类专业省统考的报名时间、地点和办法如何?

**答**:(1)体育类专业省统考报名时间、地点与全省高考报名时间、地点相同。

(2)高考报名时,考生预先选择报考科类,同时须选择体育类专业省统考的专项:专项选考科目设有田径、篮球、排球、足球、乒乓球、体操、武术、健美操、羽毛球等9个项目,由考生根据自身特长在上述9个项目中自主确定选考1项。其中,选考田径项目的考生必须在100米栏(女)、110米栏(男)、200米跑、400米跑、1500米跑、3000米跑(女)、5000米跑(男)、跳高、跳远、三级跳远、铅球、铁饼、标枪中自主确定1个单项。各专项(田径除外)考试均包含选考内容,具体考试内容由江苏省教育考试院在开考前一个月确定并向社会公布。考生在要报考的专项前"□"内打"√",只能单选,不可多选。只参加体育单招录取的考生不要在"体育专业省统考"一栏中的专项前的"□"内打"√"。

(3)考生确认高考报名信息后,在规定时间内网上确认专业考试信息、网上支付报名考试费、网上打印专业考试信息确认表、网上打印准考证。考生本人凭准考证并携带相关证件到江苏省教育考试院按测试专项确定的考点报到和参加专业考试。

## 155. 江苏省体育类专业省统考考点有哪些?考生参加考试的地点如何确定?

**答**:2024年江苏省体育类专业省统考设5个考点,即:南京师范大学、南京体育学院、江苏师范大学、苏州大学、扬州大学。江苏省体育类专业省统考继续按测试专项设置考点。各考点具体承担的测试专项在考生确认专业考试信息前，在江苏省教育考试院门户网站公布。

### 156. 体育类专业省统考的考试内容和形式是什么？

答：体育类专业省统考设身体素质必考科目和专项选考科目两个部分。

（1）身体素质必考科目为 100 米跑、立定三级跳远、800 米跑和原地双手头后向前掷实心球，共 4 项，每项分值均为 25 分。

（2）专项选考科目设有田径、篮球、排球、足球、乒乓球、体操、武术、健美操、羽毛球等 9 个项目，由考生根据自身特长在上述 9 个项目中自主确定选考 1 项。其中，选考田径项目的考生必须在 100 米栏（女）、110 米栏（男）、200 米跑、400 米跑、1500 米跑、3000 米跑（女）、5000 米跑（男）、跳高、跳远、三级跳远、铅球、铁饼、标枪中自主确定 1 个单项。各专项（田径除外）考试均包含选考内容，具体考试内容由江苏省教育考试院在开考前一个月确定并向社会公布。该科目分值为 50 分。

专业考试总成绩满分为 150 分，达到 90 分者为合格。

### 157. 考生参加体育类专业省统考时应注意哪些事项？

答：（1）考生应充分评估自己的身体状况，根据自己的身体状况决定是否参加专业考试，并做好安全防护。

（2）考生须在规定的时间内网上确认专业考试信息、网上支付报名考试费,并在网上打印专业考试信息确认表和准考证。

(3) 考生须按照有关专业省统考规定的时间准时到测试专项对应的考点报到、考试。

(4) 在考试前,考生应充分做好准备工作(如安排住宿、交通,准备考试相关材料和考试用具)。

(5) 考生在相应的专业省统考考点报到后,应仔细阅读考点公布的有关信息,按江苏省和考点的有关规定准时赴考。

## 158. 考生可通过何种途径获知体育类专业省统考成绩?

答:考生可登录江苏省教育考试院门户网站或高考综合业务信息管理系统考生服务平台查询自己的成绩并自行打印成绩通知单。不具备条件的考生也可至市、县(市、区)招生考试机构查询成绩、打印成绩通知单。

考生成绩以成绩通知单为准。

## 159. 对体育类考生的学业水平考试科目和成绩有何要求?

答:普通高中学业水平考试分为合格性考试和选择性考试。合格性考试成绩是高中学生毕业、高中同等学力认定的重要依据;选择性考试是高校招生录取的组成部分,其成绩纳入统一高考总分。考生的合格性考试科目成绩合格,方可参加该科目的选择性考试。

## 160. 体育类省录取控制分数线如何划定?

答:体育类本、专科录取控制分数线按照体育类(历史等科目类)、体育类(物理等科目类)本科和专科层次招生计划的一定比例,并结合考生文化分、专业分等因素分别划定。

### 161. 体育类专业的录取批次如何划分？志愿是如何设置的？

答：录取工作分批次依次进行,录取批次设置为本科提前批次和专科批次。体育类专科院校在普通类专科批量投档前完成录取。体育类各批次实行平行志愿方式,设置20个院校专业组志愿,每个院校专业组志愿设置4个专业志愿和1个专业服从调剂志愿。

体育类本科提前批次和专科批次志愿录取结束后,设置征求志愿,征求志愿设置与相应批次志愿设置一致。

### 162. 考生如何填报体育类志愿？

答：考生应根据自己的高考文化分、专业分和各批次省录取控制分数线以及考生本人的体检结论等情况,慎重选择,准确、合理地填报体育类志愿。

### 163. 考生填报体育类志愿必须了解哪些信息？还需要参考哪些资料？

答：考生应了解的信息和参考的资料有：江苏省当年的体育类专业招生有关规定、各批次省录取控制分数线、院校招生计划、院校招生章程、院校录取规则和要求、本人的高考文化分、专业分、考生本人的体检结论等情况。

### 164. 体育类考生可以兼报普通类专业吗?

答：体育类考生可以兼报普通类专业，但需要注意几种不能同时填报的情况：本科提前批次的普通类各类院校（专业）、体育类提前录取本科院校、艺术类提前录取本科院校等均不能同时填报；专科批次的定向培养军士计划与体育类、艺术类不能同时填报（具体参考"志愿填报"部分相关内容）。

### 165. 体育类专业是如何录取的?

答：体育类各批次实行平行志愿投档方式，对于高考文化分和专业分均达到相应录取控制分数线的考生，按照"按分排序、遵循志愿"的原则进行投档。考生的投档分由高考文化分和专业分按一定比例构成。当投档分相同时，依次按高考文化分、语文数学两科成绩之和、语文或数学单科最高成绩、外语单科成绩、首选科目单科成绩、再选科目单科最高成绩由高到低排序投档；如仍相同，比较考生志愿顺序，顺序在前者优先投档，志愿顺序相同则全部投档。考生投档分的构成办法如下：

投档分＝[（高考文化分÷文化满分）×0.7＋（专业分÷专业满分）×0.3]×750，结果四舍五入取整。

高校对进档考生，根据本校招生章程中公布的录取规则和标准以及有关招生政策，自主、择优录取。

### 166. 考生如何查阅和了解体育类专业招生考试相关信息?

答：考生可通过江苏省教育考试院门户网站、《江苏招生考试》

(招生计划专刊)、相关招生院校的网站查阅和了解教育部、江苏省和有关招生高校的招生政策、规定、专业报名和考试等相关信息。

### 167. 体育类专业招生考试工作日程如何安排？

**答：** 2024年江苏省体育类专业招生考试工作日程大致安排如下：

| 时　　间 | 步　　骤 |
| --- | --- |
| 2023年11月1日—4日 | 考生参加全省高考报名，同时选择体育类专业省统考专项 |
| 2024年3月上旬 | 公布专项考试内容和各考点承担的考试专项 |
| 2024年3月12日—15日 | 参加体育类专业省统考考生网上确认专业考试信息、网上支付报名考试费、网上打印专业考试信息确认表 |
| 2024年4月12日 | 考生到测试专项对应的考点报到，具体报到时间、地点和有关要求详见考点公告 |
| 2024年4月13日起 | 考生到测试专项对应的考点参加专业省统考 |
| 2024年6月7日—9日 | 考生参加全国普通高考（含学业水平选择性考试科目） |

# 十一、其　他

**168. 什么是高校招生"阳光工程"？**

**答**：高校招生"阳光工程"是教育部为进一步规范招生管理，增加招生工作透明度，更好地维护广大考生的合法利益，确保公平公正而采取的重要举措。教育部要求各省级教育行政部门、招生考试机构和高等学校以信息公开和诚信体系建设为重点，建立健全严格规范的招生管理体系、公开透明的招生运行体系、严明有力的监督保障体系和方便快捷的考生服务体系。

"阳光工程"主要有五点要求：一是依法管理，从严治招，进一步完善高校招生的各项管理规章制度，逐步完善诚信承诺、审核公示、档案管理、违规惩处等四项工作机制。二是明确内容，严格要求，进一步完善招生信息"十公开"制度，即招生政策公开、高校招生资格公开、高校招生章程公开、高校招生计划公开、考生资格公开、录取程序公开、录取结果公开、咨询及申诉渠道公开、重大违规事件及处理结果公开、录取新生复查结果公开。三是突出重点，强化管理，进一步规范招生行为。四是加强招生宣传，全面提高服务质量。充分利用新闻媒体和网络等渠道，以多种形式开展招生宣传工作。五是明确责任，严肃纪律，加强监督，确保"阳光工程"目标的实现。要严格执行招生工作"六不准"，即：在招生工作中，不准违反国家有关规定，不准徇私舞弊、弄虚作假，不准采取任何方式影响、干扰招生工作正常秩序，不准协助、参与任何中介机构或个人组织的非法招生活动，不准索取或接受考生家长的现金、有价证券，不准以任何理由向考生及家长收取与招生录取挂钩的任何费用。

## 169. 江苏省采取了哪些措施来确保招生录取工作公平公正？

**答：**公平公正是高校招生录取的基本原则。高校招生录取工作为社会所关注，关系到考生的切身利益，为保证公平公正原则始终贯穿于高校招生录取全过程，江苏省主要采取以下措施：

（1）严格执行招生政策和招生计划。严格按照教育部和江苏省确定并向社会公布的招生政策和招生计划进行录取。

（2）严格执行招生工作纪律。严格执行教育部"30个不得"招生工作禁令，严格执行"高校负责、省教育考试院监督"的录取体制。高校招生录取工作由江苏省教育考试院和高校按规定的政策、办法和程序进行。江苏省教育考试院加强对院校招生工作的监督和指导。

（3）切实加强监督与管理。省纪委监委派驻省教育厅纪检监察组派出人员参与江苏省的高校招生录取工作，各高校的纪检监察部门也参与本校招生录取工作。纪检监察部门对招生部门和院校执行招生政策、遵守招生纪律情况进行检查和监督。

（4）录取信息公开透明。充分利用新闻媒体和现代化信息技术手段，通过广播、电视、报纸、网络等，及时发布录取信息，开通多种查询渠道，保证招生录取工作公开透明，接受社会的广泛监督。

（5）认真做好信访接待工作。专门设立信访接待中心，接待考生及家长来电、来信、来访、查询和举报，及时处理有关问题。

## 170. 为什么要加强考试招生环境的综合整治？

**答：**（1）加强考试招生环境的综合整治，是建立诚信社会氛围的迫切需要。考试招生环境的好坏,关系到一代青年的健康成长,关系到选拔优秀合格的专门人才,关系到科教兴国和人才强国战略的实施。因此,加强综合整治,营造良好的考试招生环境,对建立诚信社会,实施人才强国战略有重大意义。

(2) 加强考试招生环境的综合整治,是维护人民群众根本利益的重要体现。考试招生工作关系到各类人才的选拔,关系到千家万户的切身利益,是涉及人民群众根本利益的大事,必须以对人民群众高度负责的态度,努力为广大考生提供公平、公正、放心、满意的考试招生环境,消除考试招生中一切损害公平竞争和社会公正的不利因素,切实维护好广大考生的切身利益。

(3) 加强考试招生环境的综合整治,是促进教育事业健康发展的必然要求。加强考试招生环境的综合整治是从严治教,严格管理,严把教育质量关,促进教育健康、可持续发展的保证,也是实施素质教育、选拔合格人才的重要保证,是依法治教的重要内容。

## 171. 考生如何防范社会上的招生欺诈行为?

**答:** 在普通高校招生录取过程中,有少数不属于高考统一招生范围的学校以及一些非法招生中介利用部分考生求学心切的心理,进行不规范的招生宣传来欺骗考生,使考生难以区别招生学校的性质、文凭等。因此,考生要特别注意加以辨别:凡在江苏参加全国普通高校统一招生录取的高校,其招生计划均在《江苏招生考试》(招生计划专刊)上统一刊登,部分院校的计划调整以及各录取批次征求平行志愿计划,也通过江苏省教育考试院门户网站进行公布。凡符合江苏的招生录取政策,被普通高校各批次录取的考生,其录取工作均由江苏省教育考试院统一组织实施。

## 172. 考生报考普通高校获知相关信息的渠道有哪些？有哪些参考资料？

**答：**考生可通过江苏省教育考试院主办的《江苏招生考试》（招生计划专刊）、江苏省教育考试院门户网站、"江苏招生考试"微信公众号（微信号：jszsksb）、招生考试资料以及有关新闻媒体了解招生政策和信息。考生还可以登录有关高校网站，查阅高校的办学情况和招生章程等信息。

## 173.《江苏招生考试》（招生计划专刊）主要有哪些内容？

**答：**《江苏招生考试》（招生计划专刊）主要内容是宣传国家和江苏省关于高校招生考试工作的方针、政策和规定，公布普通高校招生计划以及报名、体检、考试、填报志愿、录取的相关规定与办法，是考生和家长填报高考志愿的重要参考资料。

## 174. 江苏省教育考试院门户网站有哪些主要职能？

**答：**江苏省教育考试院门户网站由江苏省教育考试院主办。网站以"为考生服务，为院校服务，为社会服务"为宗旨，及时公布普通高校招生、成人高校招生、研究生招生、高等教育自学考试、高中学业水平考试、社会证书考试等各类教育考试政策规定，发布各类教育考试招考信息，提供部分招生考试的网上报名、网上填报志愿、成绩查询、录取结果查询以及有关表格数据的下载、在线咨询等全方位的招考信息服务，并提供远程证明开具和 $7 \times 24$ 小时智慧服务。

### 175. 考生在招生考试方面有疑问时,可通过哪些渠道咨询?

**答:** 考生在招生考试方面有疑问时,可向有关高校或省、市、县(市、区)招生部门咨询。江苏省教育考试院咨询接待中心电话:025—83235998、83235898,智慧客服电话:025—66000114。江苏省教育考试院地址:南京市北京西路15-2号,邮政编码:210024。

为进一步做好服务工作,为考生和社会提供更为便利的信息获取方式,今年江苏省教育考试院将继续举办网上咨询会。在填报高考志愿前,考生可在规定的时间段内,登录江苏省教育考试院门户网站参加网上咨询会,与在江苏省招生的部分高校进行在线咨询和交流。具体时间和操作办法请关注江苏省教育考试院门户网站、"江苏招生考试"微信公众号(微信号:jszsksb)发布的相关信息。

### 176. 考生可通过何种途径查询高考成绩和录取结果?

**答:** 江苏省教育考试院门户网站开通了"平安高考"专栏免费查询成绩和录取信息服务,同时各设区市、县(市、区)招生部门也向考生提供录取状态等信息的查询服务。有关招生院校将在录取结束后向考生寄发录取通知书。

### 177. 高考未被录取的考生如想继续深造,有哪些途径和办法?

**答:** 未被普通高校统一招生录取的考生,可以通过参加全国成人高校统一招生考试、高等教育自学考试或国外入学等途径实现继续深造的愿望。

江苏省成人高考报名时间一般在每年的8月底至9月,考生须在报名时间内登录江苏省教育考试院门户网站进行报名,具体报名要求及流程详见当年成人高考招考文件。

江苏省高等教育自学考试目前共开考了文、理、工、农、医、法、经济、教育、管理、艺术等类126个专、本科专业。其中,面向社会开考专业的报名时间:1月考试(前一年的12月1日—5日),4月考试(3月1日—5日),7月考试(5月25日—29日),10月考试(9月1日—5日)。网上报名网址为sdata.jseea.cn。另外,主考学校自办助学专业的报名时间为每年7月至9月中旬。报名地点为各助学专业主考学校。有关自学考试详情可登录江苏省教育考试院门户网站查阅。

问答涉及网站地址如下:

教育部"阳光高考"平台(gaokao.chsi.com.cn)

江苏省教育考试院门户网站(www.jseea.cn)

高考填报志愿网址(gk.jseea.cn)

高考录取查询网址(gk.jseea.cn)

高考成绩查询网址(www.jseea.cn)

高考综合业务信息管理系统考生服务平台网址(gk.jseea.cn)

高考网上咨询会网址(zxh.jseea.cn)(开放时间为6月下旬、7月下旬,具体时间以江苏省教育考试院发布为准)

(版权所有,未经许可,不得转载、翻印)